体验式

班会

韦志中◎著

台海出版社

图书在版编目（CIP）数据

体验式班会 / 韦志中著 . -- 北京：台海出版社，
2020.3
ISBN 978-7-5168-2525-9

Ⅰ . ①体… Ⅱ . ①韦… Ⅲ . ①心理学—通俗读物
Ⅳ . ① B84-49

中国版本图书馆 CIP 数据核字（2019）第 286977 号

体验式班会

著　　者：韦志中

出 版 人：蔡　旭
责任编辑：赵旭雯

出版发行：台海出版社
地　　址：北京市东城区景山东街 20 号　　邮政编码：100009
电　　话：010 — 64041652（发行，邮购）
传　　真：010 — 84045799（总编室）
网　　址：www.taimeng.org.cn/thcbs/default.htm
电子邮箱：thcbs@126.com

经　　销：全国各地新华书店
印　　刷：天津旭非印刷有限公司
本书如有破损、缺页、装订错误，请与本社联系调换

开　　本：880 毫米 × 1230 毫米　　1/32
字　　数：165 千字　　　　　　　印　　张：8
版　　次：2020 年 3 月第 1 版　　印　　次：2020 年 7 月第 1 次印刷
书　　号：ISBN 978-7-5168-2525-9

定　　价：59.80 元

前　言

　　关于班会，你肯定不会陌生，就是班主任站在讲台上统领全班学生进行思想动员或者是重大事件的组织与宣传。可这种班会组织形式却往往发挥不出理想的效果。究其原因，主要是老师们对班会的认识并不到位。班会不是为了老师的教学，而是为了学生的成长。如果老师一味地以自己的工作为重心，只能是身心劳累还效果不佳。

　　体验式班会很好地解决了传统班会存在的问题，它尊重学生的身心发展需要，重视学生的体验与分享，让学生在游戏与活动的过程中很好地认识自我、发展自我，最终有效达到班会目的。

　　为了让你更好地了解体验式班会，我们选取了 6 个完整的班会实录，老师的言行、学生的反应、技术的呈现、导师的点评在这里都会一一呈现。

　　翻开这本书，带你走进体验式班会的世界。

目 录
CONTENTS

/

001

目 录

C O N T E N T S

002

第三章　体验式班会实录

第一章
认识体验式教育

体验式团体教育模式主要是根据新课改的三维目标即知识与技能、过程与方法、情感态度与价值观，对教育教学过程进行进科学、系统、全面的整体三维优化。

第一节　主要观点

体验式团体教育模式主要是根据新课改的三维目标，即知识与技能、过程与方法、情感态度与价值观，对教育教学过程进行进科学、系统、全面的整体三维优化。

三维优化包括教师的理念与能力优化、学生理念与环境优化、教育方法与过程优化。在这三个维度中，把教师的优化排在第一位，因为教师的身心和谐与职业幸福感决定着教育教学能否成功。

教师首先是一个人，然后才是一名老师。一个人在其自身不断向前发展的过程中，会遇到各种因为发展所带来的心理困扰。同时，教师又是帮助学生"成为一个人"的教育工作者，在帮助他人成为一个人的过程中，也需要面对职业倦怠、职业价值感降低等一系列的职业心理困扰。两方面因素汇聚到一起，教师队伍就极有可能出现"各安天命""安于现状""消极怠工"等情况。原先心理素质相对好一些的教师，没有被来自这两个方面的心理困扰影响的老师，就有可能成为教师群体中的佼佼者。而其他教师就进入了"温水煮青蛙"的模式，在不知不觉中懈怠，在不知不觉中疲倦，虽然能够努力地工作，但自己内心并不快乐。可以设想一下，一个自己内心不和谐的教师，如何培养出内心和谐的学生，一个不能找到职业幸福感的教师，如何培养出快乐学习的学生。所以说，教育的发展首先应该是教师的发展，教育高效的前提是教师的乐教。

如何来提高教师的乐教呢？这就需要引入心理资本的概念。心理资本是指个体在成长和发展过程中表现出来的一种积极心理状态，教师心理资本包括教师自身的自我效能感（自信）、积极的心态（乐观）、成功的愿望和育人理念（希望）、抗挫折的能力（韧性）、职业幸福感（价值）、应对问题的能力（管理）。

我们客观地看到，以往对教师的心理资本优化，在教师教育以及继续教育中所占的比例相对较少。教育要发展，就需要教师们不断提升自我的心理资本，而这种提升需通过"体验式培训"的形式来完成。因为传统的认知教育试图通过心理学知识的学习来缓解自身心理倦怠和压力，而这种外在的学习在心态调整方面作用甚微。只有真正深入教师内心，从内在方向寻找解决途径，才能从根本上解决教师的心态问题。所幸，体验式培训就是从内在解决教师问题的主要形式。

体验式团体教育模式提出，教育教学优化既要优化教师，还要优化学生。教育对象包括教师、教育过程和学生三个方面，互为促进，互相影响。

过去的教育改革中高度关注了学生，但主要关注的是学生的学习方法、学习效率及学习成绩，对学生道德素养更多的是采取说服教育的方式，而对学生的心理资本建设基本没有提及或者很少关注。体验式团体教育模式研究和提供了一套符合学生身心发展规律的团体辅导方案，能够很好地解决学生的成长需求，它的重点是学生心理资本优化，包括三个方面，即心理教育与预防、自主管理能力提升、关系（即学生之间的关系、师生关系和家庭关系）。由此可见，体验式团体教育模式在学生的优化方面不仅关注学生个体，还高度关注学生的家庭，高度关注教育的其他外在环境因素。

体验式团体教育模式已经在一些学校中进行了实践，并取得了很好的效果。它是一个全面、系统、科学的管理模式，可以复制。它有一套全面的培训体系和全程跟踪的指导服务，培训者可以直接深入教师所在学校进行培训和指导，从而减轻学校派教师外出学习的负担，同时也可以让更多的教师直接参加培训，最大限度地提升培训绩效。

第二节　理论架构

体验式团体教育模式是以人文主义教育理念为指导，以体验式团体教育技术为途径，对教学过程优化中涉及的教师、学生、家长三方群体进行关怀，形成和谐互动的动力场，通过流动的动力过程，实现新课程标准中的三维目标。

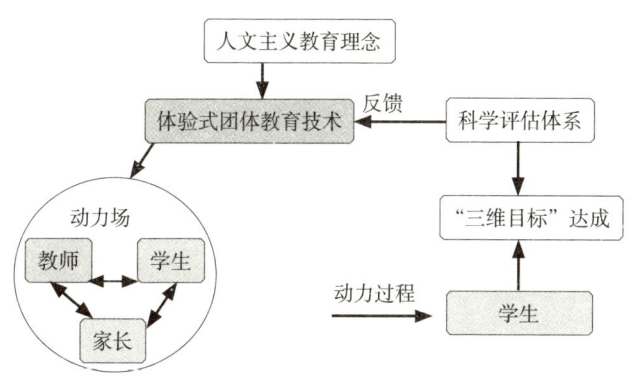

图 1.1　体验式团体教育模式图

一、人文主义教育理念

人本主义心理学是二十世纪五六十年代在美国兴起的一种心理学思潮，其主要代表人物是马斯洛和罗杰斯。人本主义心理学家认为，教育的作用是提供一个安全、自由、充满人情味的心理环境，使人类固有的优质潜能自动地得以实现。人本主义重视的是教学的过程而不是教学的内容，重视的是教学的方法而不是教学的结果。罗杰斯认为，促进学生学习的关键不在于教师的教学技巧、专业知识、课程计划、视听辅导材料、演示和讲解、丰富的书籍等，而在于特定的心理气氛因素，这些因素存在于"促进者"与"学习者"的人际关系之中。人本主义思想就是体验式团体教育的指导思想。

二、体验式团体教育技术

教育技术不是一般的某种教学方法的应用，而是以学习者为中心、依靠资源和运用系统方法三个概念的整合应用。

教育技术重视分析研究学习者的特点，如学习者的行为水平、能力、知识基础、年龄特征等。

教育技术主要依靠学习资源来提高学习效果。学习资源包括信息、人员、材料（教学媒体）、设备、技巧和环境，是一个复杂的系统。要使它们在学习中产生整体功能、发挥优良作用，就必须进行系统的设计实现优化组合。因此，教育技术涉及一系列的教育开发工作，包括有效的教学资源开发和有效的教学过程设计。

教育技术强调用科学系统的方法来分析和整合教学过程。例如，利用系统方法对教学活动进行设计，经过需求分析、内容分析、学习者分析，制定出可以操作的逐次递进的学习目标，并根据学习目标选择适当的策略（过程、方式、媒体），以形成一个完整的教学设计方案，并在方案的试行中进行评价总结，依据需要做必要的调整和修改。这样的系统过程为实现优化教学活动（或学习经验）提供了途径。

在课堂教学中，主要使用的是教育技术。但是请注意，在使用教育技术时，要充分运用体验式团体教育的核心理念，注重体验、互动和表达，让教和学形成和谐的互动，从而实现课堂教育效果的最大化。

三、体验式团体动力场

团体动力场亦称"团体动力学",它以群体的性质、群体发展的规律、群体和个人的关系,群体和群体的关系等作为研究对象。这一理论对社会心理学、组织管理心理学的形成和发展有很大影响,特别是对研究群体行为做出了重要贡献。群体动力学就是在群体中,只要有别人在场,一个人的思想行为就同他单独一个人时有所不同,会受到其他人的影响。

最早在文献中使用群体动力学这一术语的,是其创始人勒温。他认为,个体的行为是由个性特征和场(指环境的影响)相互作用的结果。勒温强调,从婴儿开始,个体便受到社会因素的影响和社会环境的改造,个体所属的团体决定了个体的行为和心理趋向。

在体验式团体动力场的建设中,需要关注四个方面:物理环境条件、动力过程、会心状态、动力策略。

物理环境条件:课堂就是进行教学的复杂环境,一个积极的、支持性的课堂环境是开展有效教学活动的关键。通过给学生提供有安全感和归属感的环境,可以建立内聚力和成员的认同感。

动力过程:在体验式团体教育模式中,教师和全体成员组成的空间,称为场。老师可使用聚焦技术,把场动力聚焦在某一个学生身上,以这一点带动场的面的发展。当然老师要尽量关注所有学生,尽量让每个学生都有机会成为带动面的点,让动力均衡发展。这里需要强调的是,教师对场的把握是需要能力和学习的。

会心状态：会心是一种温暖、安全、尊重的流动的状态。在会心状态中，成员会做到对自己真诚，也会对别人真诚。既能积极关注自己当下的感受，也能够考虑到别人的感受，接受别人的不同。

动力策略：传统的教育模式，教师整堂课都站在讲台上，以高高在上的姿态对学生传授知识，这种单一的教学模式已不适应当今教育的需求。在体验式团体教育模式中，教师的角色应该是时而在前面引领，时而在左右陪伴，时而在后面促动；学生的角色应该是时而在情境中体验，时而与同伴们分享，时而听教师讲解。这样的教育模式才能充分发挥学生的主观能动性，让学生的潜力发挥到最大化。

第三节　评估模式

任何一种教育模式都必须接受效果评估，否则教育将流于形式，起不到任何作用。所以，为了避免教育的盲目性，体验式团体教育模式也需一套评估体系。

一、评估标准

评估标准有四级，具体如下：

1. 反应标准（一级评估）

一级评估用于对表面效果进行测评，通过对学生的情绪、注意力、赞同或不满指标等对每一个应用模式的教师和学生的教育效果做出评价，结合所有人员的总体反应可以得出对教学效果的基本评价。

2. 学习标准（二级评估）

在这样的模式中学习到了什么？内容方法是否合适、有效？每一个学习过程是否满足和达到了所提出的要求？对问题的回答是二级评估的具体标准。

3. 工作行为标准（三级评估）

三级评估分析是否带来了教师、学生行为上的改变。体验式团体教育模式的目的是提高能力，而能力是通过行为表现出来的。因此，评价模式的效果就要看教师和学生在工作行为上和学习行为上发生的可观察变化及应用前后的变化程度。

4. 组织成果标准（四级评估）

对体验式团体教育模式的最终评价应该是以教育的工作绩效为标准。也就是说，工作行为的改变带来的是工作绩效的提高。因此，可以直接对试验的班级学生的学业成绩、道德素质和心理素质进行测量、分析和判断，确定实验的效果。

二、评估时机

1. 一级评估在教育中进行。

2. 二级评估在教育中、学期结束时进行。

3. 三级评估在教育开始三个月之后的工作中进行。

4. 四级评估在教育后半年、一年后从工作绩效中进行评估。

三、评估方法

一级评估：多采用教育效果问卷调查、与参与人面谈、教学时观察等方法进行。

二级评估：采用课程中测验或考试，教学效果调查问卷，教学人员心得报告等方法。

三级评估：通过局部调查或访问的方式，访问教学者、家长和相关管理者，根据工作量有无增加、工作素质有无提高、工作态度有无变化等进行评估。

四级评估：绩效考评法。所谓绩效考评方法，就是对员工在工作过程中表现出来的工作业绩、工作能力、工作态度以及个人品德等进行评价，并以此判断员工与岗位的要求是否相称的方法。

1. 方法种类

（1）行为导向型的绩效考评方法，包括：主观考评法，主要有排列法、选择排列法、成对比较法、强制分配法和结构式叙述法；客观考评法，主要有关键事件法、强迫选择法、行为定位法、行为观察法和加权选择量表法。

（2）结果导向型的绩效考评法，包括：目标管理法、绩效标准法、短文法、直接指标法、成绩记录法和劳动定额法。

（3）综合型的绩效考评法，包括：图解式评价量表法、合成考评法、日清日结和评价中心法。

2. 方法选择

根据考评内容的不同，考评方法也可以采用多种形式。采用多种方式进行考评，可以有效地减少考评误差，提高考评的准确度。

　　例如，可以安排直接上级考评直接下属的"重要工作"和"日常工作"部分，同事之间对"工作态度"部分进行互评。另外，还可以让员工对"日常工作"和"工作态度"部分进行自评，自评成绩不计入总成绩，主要是让考评人了解被考评人的自我评价，以便找出自我评价和企业评价之间的差距，这个差距可能就是被考评者需要改进的地方。这些资料可以为后面进行的考评沟通提供有益的帮助。

　　（1）目标考评

　　对"重要工作"考评可采取目标考评的方法。在一个考评周期前，考评人和被考评人要讨论制订一个双方都接受的"重要任务说明"，该说明中要明确任务名称、任务描述、任务工作量等内容。

　　（2）自评

　　自评即被考评人的自我考评，考评结果一般不计入考评成绩，但它的作用十分重要。自评是被考评人对自己的主观认识，它往往与客观的考评结果有所差别。考评人通过自评结果，可以了解被考评人的真实想法，为考评沟通做准备。另外，在自评结果中，考评人可能还会发现一些自己忽略的事情，这有利于更客观地进行考评。

　　（3）互评

　　互评是员工之间相互考评的考评方式。互评适合于主观性评价，比如对"工作态度"部分的考评。互评的优点在于：员工之间能够比较真实地了解相互的工作态度，并且由多人同时评价，往往能更加准确地反映客观情况，防止主观性误差。互评在人数较多的情况下比较适用，如人数多于5人。在互评时不署名，在公布结果时不公布互评细节，都可以减少员工之间的相互猜疑。

（4）上级考评

在上级考评中，考评人是被考评人的管理者，多数情况下是被考评人的直接上级。上级考评适合于考评"重要工作"和"日常工作"部分。

（5）书面评价

每位员工都有不同的特点，而标准化的考评方式则忽略了这个因素，将员工等齐划一，不利于员工个人成长。书面评价则弥补了这个缺陷。一般来讲，书面评价应该包括三个方面的内容：肯定员工成绩、指出员工不足、给出企业对员工的期望。书面评价可以由上级撰写，也可以由企业人力资源部门统一撰写。

第四节　优势所在

体验式团体教育模式具有两大优势：系统性与全面性。

一、系统性

系统性主要通过三个方面体现：知识呈现立体化、学生学习方式的立体化、过程的立体化。

1. 知识呈现立体化

体验式团体教育模式的学习中，教师会把所要学习的内容融于具体，形象生动、可听可观、可触可摸，而且在学生直接参与的情景中，学生几乎所有的感觉器官都被调动起来、参与进来。学生所获得的东西，有的是语言描绘难以达到的。学生体会到的东西往往比语言描绘对思维的冲击更大,给人留下的印象更深刻。这样的立体化呈现过程可以产生具有亲历性、感悟性的特殊效果。

2. 学生学习方式的立体化

在传统上，老师是教学的中心，学生只需专心听讲，认真记笔记即可。体验式团体教育模式的操作通过团体动力的理念、方法、手段使学生多个感官同时调动起来，多方位多角度参与到课堂中。此时学习者可以发挥主动精神，真正成为学习过程的主体。

3. 过程的立体化

知识呈现的过程是互动的动态过程，体验式学习中学生一般被放在一定的真实或模拟的情景中，要求学生作为主体亲自体验，如身临其境观看庐山瀑布和录像，亲自体验磁力线，亲身朗诵诗歌、散文等，并且可以与同学、老师争执见解，这些体验过程无一不是种快乐的事。所以，体验式学习能把学习与娱乐融汇在一起，在整个学习过程中体验、讲解、分享交互使用，师生、学生间的和谐互动。

二、全面性

全面性主要体现在三个方面：发展的全面性、参与成员的全面性、手段的全面性。

1. 发展的全面性

知识学习和人格培养同时进行，左右脑同时调动，身心同时发展。体验式团体教育通过构建一个充满爱心的班集体，来完成教育学生要彼此尊重和相互关心的任务。

2. 参与成员的全面性

老师和学生都积极参与。教师只有体验过或体验着幸福，才可能把这种幸福的阳光播撒到学生身上，学生也只有亲身体验到这种幸福和快乐的教育，才能幸福和快乐地成长。这种师生间交融互动的体验式教育才是真正以心灵感动心灵、以人格塑造人格的教育。

3. 手段的全面性

在体验式团体教育中，既需要教师创设活动进行暖身和热场，也需要学生参与活动亲身体验获得认知；既需要教师引导学生进行知识的建构与升华，也需要学生自身的反思与总结。所以，体验式团体教育所需要的教育手段是全面化的。

第二章
认识体验式班会

体验式班会是依据学生身心发育特点、成长规律和班级建设的需要，在团体动力推动下，通过绘画、音乐、具象、此时此地技术等体验式心理教育技术，围绕教育主题而开展的班会活动。

第一节　传统班会

班会是学校集体活动中最主要的组织活动之一，是学校德育教育的一个重要内容和途径。班会一般分为定期或不定期班会，在班主任领导和指导下，以班级为单位，围绕一个或几个主题组织的对全班同学开展教育的活动。班会是班主任或班委会对班级进行有效管理、指导和教育的重要途径和形式。在班会上，每个同学都可以发表自己的意见，参与集体管理，研究解决班级中的各种问题。

一、班会内容

班会的开展内容没有一定的限制，丰富多彩的班会主题既可以是专门为解决班级目前存在的某个问题而召开，也可以就某项教育展开，如热爱祖国、热爱集体、团结互助、文明礼貌、助人为乐、学习心得交流、环境保护、遵纪守法等。活动形式也多种多样，不同的班会主题，开展形式和具体程序也会有所差异。

二、班会一般程序

（1）预先确定鲜明主题。

（2）班委会召开预备会，布置传达全体同学准备。

（3）正式班会。

①主持人开场白（班主任或班委会成员）。

②发布主题。

③确定讨论形式（分组或集体讨论等）。

④自由发挥或讨论。

⑤主任点评总结。

⑥结束。

三、存在的问题

从小学到高中，每个班级每个星期都有一节班会，每个学期每个班级至少设置16节班会。尽管它不像语文、数学等"主科"有那么多的课时，但也比信息技术、音乐、美术等"副科"的课时量少不了多少，在有些学段，班会甚至和这些"副科"的课时量基本相当。

虽然班会在中小学教育中的作用不可或缺，但班会的庞大课时量却与班会的群体效益不成正比，班会的整体质量不高，甚至有些学段的学生根本不愿意开班会。

究其原因，传统班会没有满足学生的成长需要。目前绝大多数班主任在组织班会的时候，大都是根据自己的工作需要来确定班会的主题，进而把班会演变成道德说教课、班级管理结果通报课、班级建设事务安排课。结果把班会的德育职能、管理职能放大了，却把满足学生成长需要的目的缩小了。班会不能满足学生需要，学生自然就提不起兴趣了。

所以，针对传统班会，教师需要在思想上进行改变，班会的终极追求是为了满足学生的成长需要，而不是为了满足班主任的工作需要。学校及班主任需要加强教育哲学、班会基本理论的学习，重建自己的教育价值观。另外，在行动方面，班主任在组织班会前要多"问计于民"，向学生征集组织班会的主题、内容、形式、策略，保证学校、班主任组织的班会是学生需要的。

第二节　体验式班会

体验式班会是依据学生身心发育特点、成长规律和班级建设的需要，在团体动力推动下，通过绘画、音乐、具象、此时此地技术等体验式心理教育技术，围绕教育主题而开展的班会活动。主要包括以下四个方面：

一、情境体验

体验就是把教育的内容情境化和具象化，创设一定的体验情景，让每个学生都置身于情境之中，每个学生都亲自参与，在体验中感悟。我们现在的教育多数是学生在听中学，体验式要求的是在做中学，这样印象深刻，效果突出，让学生成为学习的主体。

二、团体辅导

团体辅导被称为"神奇的圆圈"，一群人围坐在一起，经过几次密集的互动，每个成员都产生一些积极的改变，更适应、更健康、更和谐。团体辅导的作用是帮助成员认识自己、理解他人、改善沟通、增强适应、排除困扰、提升能力、增进身心健康。团体辅导是一项专业的心理学知识和技能。体验式班会借鉴团体辅导的理念和方法开展，在活动中要充分地体现平等、互动和表达。为了很好地互动经常会进行分组，合作完成体验和分享。

三、动力过程

体验式班会在团体场中开展，场是一个过程，在不断的发展和变化中，发展的方向要与目标相适应。创造场和合理的利用场都是一种技术。场不仅可以配合教学，还可以培养人格。在场中每个人都有一个心理空间。老师只是心理世界中的一个心理空间，场中每个人的心理空间共同组成整个场的心理世界，这样的心理世界又受到物理世界的影响。心理空间、心理世界和物理世界，三者相互影响，三者之间的相互作用就会形成团体动力。物理空间作用于心理空间，会使心理空间发生变化，这样的变化会改变心理世界。老师可使用聚焦技术，把场动力聚焦在某个学生身上，以这一点带动场的面的发展，这样的动力模型叫以点带面。

在整个场中老师要尽量关注所有学生，尽量让每个学生都有机会成为带动面的点，让动力均衡发展，让每个心理空间都和其他心理空间有紧密的连接，让场均衡，把聚焦的点分散到每个学生身上。在建设场的过程中要考虑到效能问题，场的交互和相互的学习很重要，场要为教学目标服务，场中的每个人，能做到以班为镜、以成员为镜、以教师为镜，真正做到三人行，必有我师。

在团体中学习，老师只是偶尔在前引领，多数情况下都是成员在团体中相互学习，达到效果最大化。这里需要强调的是教师对场的把握是需要能力和学习的。

四、会心状态

在体验式团体模式中我们要创设一种会心状态。会心是一种温暖、安全、尊重的流动的状态。会心状态下，成员可以做到对自己真诚，能够关注自己当下的感受；对别人真诚，能够考虑到别人的感受，理解和接受别人的不同。会心状态是一种发展的方向，是经过优化之后最佳的学习环境，是心理空间之间形成的温暖的心理世界。心理方面的会心状态会促进学生的学习状态。

第三节　如何进行体验式班会

在进行体验式班会时，学校、教师、学生与课堂都需要考虑在内。

一、学校方面

当学校决定在本校开始推行体验式团体教育模式的工作，就必须从思想上高度重视，从上至下构建良好的舆论和行动氛围。

加强对专业人员的培养，并且针对全体班主任开始一系列培训活动，如体验式团体教育模式的理论与实践的培训，如何召开体验式班会、体验式家长会培训，教师心理资本建设成长工作坊等培训活动。广大班主任对体验式团体教育模式相关理论有了较深刻理解之后，就可以对操作技能有很好的领悟和把握。

学校要提供平台开展实验班和优秀教师在体验式班会课观摩活动和研讨活动，让老师在学中做，在做中学，也要在各个年级开展班会评比活动，让每位班主任都能成为体验式班会活动开展的优秀导师。

二、教师方面

1. 提升个人修养

教师需要具备真诚、尊重、开放、同理心等心理品质，也需要有流畅的表达能力。

2. 把握团体动力的能力

把握团体动力的能力包括以下三个方面：设置团体规范、营造团体氛围与增强团体动力。

（1）设置团体规范

在体验式班会开展之前和进行之中合理有效地设置团体规范，是团体有效开展的前提和保证，设置不合理会造成要么气氛沉闷，要么秩序混乱的局面。团体规范公布后，如果成员在活动中没有遵照执行，导师要及时合理予以干预，从而保证团体目标的顺利实施。

（2）营造团体氛围

体验式班会中要营造温暖、自然、流动的团体氛围，营造良好的和谐互动关系。导师要根据团体目标让场热起来，根据目标的不同创设适宜的温度，让成员在这样良好的氛围中能够互相信任，真诚地表达，得到充分的尊重，这本身就是一种很好的成长。

（3）增强团体动力

团体动力要保持均衡，动力不均衡就会出现有些成员得到发展，有些成员没有得到发展的状况。为了达到动力均衡，导师通常会采取以点带面、以面带点和点面结合的不同动力模型。点面结合，是叫以既有深度又有广度地反复交替的协作的过程。在课堂上表现为个体与个体、个体与小组，也可是小组与班级整体这三对关系科学合理构建的过程。

3. 合理使用、制作或转换技术

技术有多种，教师需有效选择，合理把握。

（1）常用反应技术

倾听技术：就是在接纳的基础上，积极地听，认真地听，关注地听，并在倾听时适度参与。倾听不仅是用耳朵听，还要用心听。

情感反应技术：导师把学生所陈述的有关情绪、情感的主要内容经过概括、综合与整理，用自己的话反馈给学生，以达到加强对情绪、情感的理解。

内容反应技术：导师把学生所陈述的主要内容经过概括、综合与整理，用自己的话反馈给学生，已达到加强对学生理解、促进沟通的目的。

具体化技术：导师协助学生清楚、准确地表述他们的观点以及他们所用的概念，他们所体验到的情感以及所经历的事情。

重复技术：导师直接重复学生刚刚陈述的某句话，引起学生对自己这句话的重视和注意，明确要表达的内容。

提问技术：分为开放式提问和封闭式提问。开放式提问是导师提出的问题没有固定的答案，学生不能用简单的一两个字或一句话回答，从而尽可能多地了解学生。封闭式提问是指导师提出的问题带有预设答案，学生的问题不需要展开，一般用来澄清事实，获取重点，缩小讨论范围。

（2）巧用影响技术

面质技术：又称"对峙""质疑""正视现实"，是指导师指出学生身上存在的矛盾，促进学生进行探索，最终实现统一。

解释技术：导师运用心理学来描述学生的思想、情感和行为的原因、实质等，使学生从一个新的、更全面的角度来重新面对困扰、周围环境及自己，并借助新的观念和思想来加深了解自己的行为、思想和情感，产生领悟，提高认识，促进变化。

指导技术：导师直接地指示学生做某事、说某些话或者以某种方式行动。指导时不要以权威身份出现，强迫学生执行。若学生不理解、不接受效果就差，甚至无效，还会引起反感。

（3）注重互动技术

共情（同理心）：按照罗杰斯的观点，共情是指体验学生内心世界的能力。

尊重：导师在价值、尊严、人格等方面与学生平等，把学生作为有思想感情、内心体验、生活追求和独特性与自主性的个体去看待。

真诚：指导师对待学生的态度真诚，为学生营造一个安全、自由的氛围，使学生可以敞开心扉，袒露自己的内心世界。

自我开放：也称自我表露，导师提出自己的情感、思想、经验与学生共同分享或开放与自己有关的经历、体验、情感等。

积极关注：导师对学生言语和行为的积极、光明、正性的方面予以关注，从而使学生拥有积极的价值观，拥有改变自己的内在动力。

（4）把握角色技术

三分之一技术：包括导师角色的三分之一，时而在前引领（讲解），时而在后推动，时而陪伴在学生左右；教学过程的三分之一，即讲解、体验、分享各占三分之一；学生角色的三分之一，即在情境中体验、听教师讲解、进行表达和分享各占三分之一。教学动力过程的三分之一即学生、小组、班级。

三、学生方面

体验式班会和我们平日的班会课有很多差异，在活动之前首先要让学生了解以下参与规则：

尊重：学会尊重同学、导师及工作人员。

倾听：在活动中学会倾听别人的内心表达。

保密：在班会活动中根据场安全的氛围，有时可能涉及个人隐私，需要学会保密。

投入和收获成正比：要经常向学生讲体验式班会活动的特别之处，投入越大，收获越大。

四、课堂

场地：体验式班会对活动场地是有一定要求的，要保证场地的温馨、封闭，空间大小适宜（要能满足全体成员能够围坐一圈）。一般根据参与人数的情况要求空间相对较大的环境，最好地上能铺有泡沫或地毯等，让学生脱掉鞋，这样有利学生放松心情、打开自己，更好地参与到体验活动中。

时间：一般为 90 ～ 120 分钟。

根据活动的主题有时需要准备一些东西，如白纸、剪子、透明胶等其他东西。一般需要投影、音响、无线麦克等常用的一些东西。

第四节　体验式班会的评估与实施

一、体验式班会的评估

1. 评估的一般内容

（1）目标是否达到。

（2）效果反应是否良好。

（3）技术选用是否匹配。

（4）有无改善之处。

2. 评估的方法

评估的方法包括行为测量法、标准化的心理测验、调查问卷、成员日记等。

体验式班会是一种把心理学的理念、知识、技术融入德育教育的一种探索和尝试，我们称之为德育心育一体化。在这样的班会准备和开展过程中，最大的受益者往往不是参与活动的学生，而是班主任老师。因为随着当下社会的发展，我们每个人都需要成为自己的心理咨询师，可以说人人需要心理学知识，而班主任作为青少年的教育者、引导者和帮助者，特别需要教育心理学、发展心理学和管理心理学的知识，特别需要把心理学融入班级管理和学生教育之中，只有这样才能达到预期的管理效果，并在工作中找到乐趣，实现价值。体验式班会是班级民主管理和班主任自我成长的积极尝试，在准备和实施中班主任会有一种全新的感悟与收获。因为实践是最好的成长，当我们愿意尝试的时候，我们就开始了成长之路，在这样的成长路上会发现，原来我们可以生活得更有意义。

二、体验式班会实施的程序

1. 确定目标

确定目标即确定班会所要解决的主要问题。积极有效的目标应该是具体的、明确的、可行的、切合实际的、成员需要的，同时是可以评估的。目标建立后，导师应该让成员充分了解。

2. 制订体验式班会方案

方案设计要符合如下要求：①计划的合理性；②目标的明确性；③操作的可行性；④过程的发展性；⑤效果的可评估性。

第五节 体验式班会的特点和优势

每一位班主任都深深懂得学生成人是成才的基础，要先教会学生做人，这是学生成长的核心与关键所在。然而，越来越多的班主任感到，在学生的德行教育、习惯培养，尤其是心理资本建设方面，已有的教育方式效果越来越差，现在的德育教育，特别需要一种适应学生身心发展的行之有效的新模式。

体验式班会就能很好地实现上述目标和期待，它有如下特点和优势。

1. 满足了学生生理、心理成长需要

体验式班会依据学生身心发育特点、成长规律和班级建设的需要为出发点，活动开展终极目标是学生成人成才的需要。在活动中能够触碰学生内心，激发学生内在动力、积极思维和行动。并且在团体动力的推动下找到较好解决自身、班级建设等方面遇到的各种问题。

2. 用心理学技术直观感受和体验

体验式班会让学生在团体合作中去体验、感悟和分享，往往比教师长篇说教、命令、指示接受要好得多。在体验式班会活动中，老师更多的是导师，是引领者、参与者、分享者，学生能够感受到教师的温暖、包容、理解和支持，就会在安全的心理空间内升起幸福感，进而又会促进其对学习的热情。

第三章

体验式班会实录

第一节　班会1：我的情绪我做主

一、背景介绍

（一）情绪智力与情绪管理的含义

情绪智力，又称情商，美国心理学家彼得·塞拉维和约翰·梅耶对其定义是"是指个体监控自己及他人的情绪和情感，并识别、利用这些信息指导自己的思想和行为的能力"。也就是识别并理解自己和他人的情绪状态，并利用这些信息来解决问题和调节行为能力。

1995年，丹尼尔·戈尔曼在《情绪智力》一书中指出，情绪智力应该包括以下五个方面的能力：（1）认识自己情绪的能力；（2）理解自己情绪的能力；（3）激励自己情绪的能力；（4）识别他人情绪的能力；（5）处理人际关系的能力。

随后，戈尔曼还提出了"情绪管理"这个概念。情绪管理是指通过研究个体和群体对自身情绪和他人情绪的认识、协调、引导、互动和控制，充分挖掘和培植个体和群体的情绪智商、培养驾驭情绪的能力，从而确保个体和群体保持良好的情绪状态，并由此产生良好的管理效果。他认为这是一种善于掌握自我，善于调制个体调节情绪，对生活中矛盾和事件引起的反应能适可而止地排解，能以乐观的态度、幽默的情趣及时地缓解紧张的心理状态。

（二）情绪教育的必要性

情绪是人们对客观事物是否满足自身需要而产生的态度体验，它本身并无好坏之分，但情绪所引起的生理变化和行为反应，常常不能很好地受个体意识的支配和调节。由于情绪没能得到有效控制而产生的过激行为时常在我们的生活中发生，导致不愉快事件的发生，甚至导致杀人和自杀等惨案的发生。

2013 年 6 月 13 日，肇庆市某小学四年级的学生小虎因未完成作业被老师批评，中午放学后，在家偷偷喝了小半瓶农药欲自杀。2014 年 10 月 9 日，深圳宝安区某小学五年级一男孩因与同学发生冲突，在午休期间翻越围栏坠楼身亡。中国青少年研究中心调查显示，约 9% 的中小学生对生活感到绝望并产生过自杀的念头，高自杀念头的背后反映的不仅仅是小学生面临的时代压力，更是初等教育对小学生情绪管理能力教育的缺失。

众多研究表明，儿童情绪调节能力与他们的学业成就密切相关。此外，情绪调节良好的个体能够保持和谐的人际关系，维持内在的身心平衡，发挥自身潜能和自我实现，促进个体心理素质或心理健康的发展。

小学阶段是个体学习和培养良好的情绪管理能力的关键期，在 8～12 岁之间负责个体情绪管理调控的前额叶皮层迅速增长，直至发展到 20 岁。若是这一时期小学生越是积极地使用情绪的自我调节，其大脑就会受到越多的刺激，其相应脑区域越是能快速发育，反过来促进个体情绪的适当调节，并在社会环境中表现出良好的适应性行为。因此，情绪教育是小学生生命历程中一个重要的议题。

（三）情绪教育的可行性

情绪智力不同于我们通常意义上的智商，国际上的学者普遍持一个观点：情绪智力是可以通过后天的教育提高的。戈尔曼认为，情绪智力可以通过经验和培训得到明显的提高。学生处于人生发展的初期，有着极强的可塑性，因此有必要进行情绪智力的早期培养。如今世界教育的改革方向已经转入智商情商相辅相成的教育模式，这种教育被称为"EI"教育，即情商、智商教育。如美国的"社会发展""社会与情感课程"。

经过国内外学者的大量研究与实践，结果表明，情绪教育对学生情绪智力的提升确实有一定的效果。

（四）小学生情绪管理能力的干预研究

针对小学生情绪管理能力的干预研究，主要有两个方法，一种方法是个案干预研究，包括运用沙盘游戏、音乐及绘画治疗等，通常这样的方法历时长，受众面窄，耗费的人力物力较多，且对象一般是情绪或行为问题比较严重的个体；另一种方法是针对班级或团体而言，相对来说其受众面更广，可以在一定的时间内，让更多的学生获益。这一种方法又分为以下四种类型：理性情绪教育、体验性心理健康教育模式、团体心理辅导、学科渗透教育。

在本次班会中，我们采用的正是着眼于提高儿童自我认知的体验性心理健康教育模式，该模式注重为学生提供模拟或真实的情境和活动，让学生在团队游戏中通过反思形成个人的理念、价值、策略并应用到实践中，以试图摆脱心理健康教育学科化、知识化倾向，是目前基础教育阶段进行心理健康教育的很好模式。

二、课堂实录

杨老师：你们都是来自哪所学校的，小朋友们？

同学们：林州市市直第四小学。

杨老师：林州市市直第四小学，对吗？

同学们：对。

杨老师：是五年级还是六年级？

同学们：五年级。

杨老师：五年级几班？

同学们：五班。

杨老师：你们一共几个班？

同学们：8个班。

杨老师：真厉害啊，那咱们班一共多少个学生？

同学们：78个。

杨老师：那今天为什么挑中你来呢？

同学们：我们学习好。

杨老师：你们学习好，那位同学说他学习好，学习好被选中了，是吧。学习好，今天我

笔记栏

以轻松的谈话引入，并了解学生、班级情况。（用日常的话题进入，既能了解情况，也能提升每个人的参与感）

笔记栏

们不比学习好，就比大家参与怎么样，看大家是否愿意参与，然后是否积极地动脑筋，认真倾听，好不好？

同学们：好。

杨老师：好的。那咱们这样，既然大家来到这里了，咱们都握握手，好不好？

同学们：好。

小活动——握手
作用：活跃气氛，打破拘谨，调动积极性。

杨老师：跟左右两边的同学握握手，说一声"你好，早上好"。

同学们：你好，早上好。

杨老师：跟你右手边的同学也握握手。

同学们：你好，早上好。

杨老师：对，好。

大家活动开了，那咱们就开始搞个活动好不好。

同学们：好。

杨老师：知道今天要做什么吗？

同学们：不知道。

杨老师：大家都不知道今天要做什么，猜猜吧。举手说，你觉得是什么，猜猜。

同学：心理健康活动。

引发好奇心与
期待感，带入
课堂。

杨老师：心理健康活动，是不是老师告诉你的？

同学：不是。

杨老师：你猜是什么？

同学：跟他一样。

杨老师：跟他一样，你也这样猜。你怎么猜？

同学：心理健康的课程和班会。

杨老师：你看他后面有个班会了，太聪明了。你怎么猜？

同学：跟他一样。

杨老师：那你觉得今天会做一个什么样的班会呢？你想做一个什么样的班会？

同学们：有趣的，热闹的，开心的。

杨老师：还有吗？

同学：印象深的。

杨老师：还有吗？

同学：让我们难忘的。

杨老师：我们的班会主题是"和情绪相遇"，我们班今天的班会名字叫"我的情绪我做主"。对于"我的情绪我做主"这个题目，大家是怎么理解的呢？

笔记栏

正式进入班会主题。

同学：就是自己的情绪我自己来改变，自己来体会。

杨老师：很好，你是这样理解的。另一位同

笔记栏

学来说说。

同学：跟他一样。

杨老师：跟他一样，都这样想。好的，那咱们就准备开始做一个小小的热身活动。活动之前我要和同学们说一下这节课的要求。虽然大家非常期望我们今天的心理健康课能开心一些，快乐一些，难忘一些，又想特别有趣味一些，是不是？

同学们：是。

约定课堂纪律。

杨老师：但是不等于我们没有秩序，不等于我们没有规矩，没有纪律，是不是？

同学们：是。

★暖场活动
——大风吹
作用：
突破旧有的人际圈子，促使学生改变原有的习惯性人际组合。
注意事项：
1. 可"吹"之对象应随机确定，如扎辫子的人、

杨老师：那么在这个过程中有三点要跟同学们说，第一点，大家一定要注意倾听，就是别人讲话的时候你要认真听，好不好？

同学们：好。

杨老师：第二点，要积极参与。第三点，就是要用心体验，你要用心去想这个活动蕴含了什么，这个活动要告诉我们什么，不是我们仅仅热闹热闹，玩一玩，明白吗？

同学们：明白。

杨老师：很好，咱们就开始了。咱们下面做一个活动叫大风吹。

天冷了，风也来了，就能把树叶吹走，风太大了还能把人吹走，今天我们就玩一个把人吹走的游戏。我等会儿说"大风吹"，你们就问我"吹哪里？"我会说"吹我们在座各位有某一特征的人"。那么这时候就想象大风一来，"呼"一吹就把你吹走了，你要换个位置，换到哪儿去呢，你就要跟你的同学换就可以了，明白了没有？

笔记栏

戴眼镜的人、穿某个颜色衣服的人……
2.只要达到分组目的（例如，打破了分组时的男生女生界限），即可停止。

同学们：明白了。

杨老师：好，先做个尝试。大风吹。

同学们：吹哪里？

杨老师：吹到戴红领巾的同学身上。跑起来。有戴红领巾的同学一定要换位置哦，不能是你现在的位置了。最后一个，逮着你最后一个。不过咱们刚刚是试验，就先放过你了，游戏正式开始后，最后一个找不到位置的同学就要表演一个节目。所以加油啊！紧张不紧张？

同学：紧张。

杨老师：你呢？

同学：紧张。

杨老师：没关系，玩耍而已。集中精神啦。大风吹。

同学们：吹哪里？

笔记栏

杨老师：吹到女孩子身上。

同学们：剩两个。

杨老师：表演个节目吧，你们两个。你们想表演什么节目？

同学：老师，可以背诗吗。

杨老师：可以，表演什么节目都可以，跳个舞，唱一支歌，都可以。来，掌声欢迎！

同学：《石灰吟》，明，于谦。"千锤万凿出深山，烈火焚烧若等闲。粉身碎骨浑不怕，要留清白在人间。"

同学：《己亥杂诗》，清，龚自珍。"九州生气恃风雷，万马齐暗究可哀。我劝天公重抖擞，不拘一格降人才。"

杨老师：非常棒！再次掌声鼓励！那我们继续。大风吹。

同学们：吹哪里？

杨老师：吹到男生身上。……（游戏继续进行两次）

杨老师："大风吹"先告一段落了。下面给大家讲个故事，故事中讲到一个粗心的医生，你们想不想做一个粗心的医生？

利用故事引出"情绪"。

同学们：不想。

杨老师：这个粗心的医生真是太粗心了，

他把两个病人的诊断报告给弄错了。一个没有癌症倾向的病人，拿到的报告写着他有癌症！你们猜猜他当时的心情是怎样的？

同学们：崩溃。

杨老师：对啊，他极度地伤心，极度地痛苦、崩溃。结果没过多久，到医院去复查的时候，发现身上果真有癌症倾向了。他本来是没有的，就因为情绪发生了很大的变化以后，有了癌症倾向，遗憾不遗憾？

同学们：遗憾。

杨老师：而另一个人呢？他本来是有癌症倾向的，他拿到医生给他的没有癌症倾向的诊断报告，他心里特别高兴。过段时间他去医院复查……

同学们：没有癌症了。

杨老师：也不能说没有，病情好转了。你们说这是什么原因呢？

同学们：情绪原因。

杨老师：对，人的情绪，使我们的生理、心理都发生了很大的变化。所以大家认为情绪很重要吧。

同学们：重要。

杨老师：那我想问问大家，你们知道情绪有

几种吗？你说。

同学：情绪有不开心，还有开心，还有失望，还有愤怒。

同学：悲哀、兴奋。

同学：生气、埋怨。

同学：恼怒。

杨老师：恼怒，还有吗？

同学：伤心。

同学：沮丧。

杨老师：垂头丧气。

同学：绝望、崩溃。

同学：笑嘻嘻。

杨老师：笑嘻嘻。说得都挺多的，看来情绪也有很多，大家认为，最基本的情绪是哪几种呢？

同学们：喜怒哀乐。

杨老师：喜怒哀什么？

同学们：惧。

杨老师：喜怒哀惧，不是喜怒哀乐，这是基本的情绪。还有刚才同学们说到的失望、绝望等。那喜怒哀惧这四种基本的情绪你最喜欢哪种？

同学们：喜。

杨老师：大家异口同声都说喜。都不喜欢

哀啊？

　　同学们：不喜欢。

　　杨老师：为什么？

　　同学们：因为不高兴，难过。

　　杨老师：会让人不高兴。你也不喜欢怒，是吗？

　　同学：是。

　　杨老师：为什么？

　　同学：怒了很容易打人。

　　同学：容易犯错。

　　杨老师：容易犯错，你是说愤怒的时候你就会做出不好的行为，例如打人。你呢？

　　同学：我也是。

　　杨老师：你喜欢惧吗？

　　同学：我不喜欢。

　　杨老师：你呢？

　　同学：不喜欢。

　　杨老师：你也不喜欢。那我问大家，我们这四种基本的情绪中，能不能只保留喜，其他的都不要呢？

　　同学：不能。有时也会出现其他三种。

　　杨老师：对，因为其他三种情绪也会不断出现对不对？

同学们：对。

杨老师：那我问大家，那你说哀、怒和惧这三种基本情绪，对我们身体，对我们人……

同学们：都有伤害。

杨老师：都有伤害。那有没有一些好处呢？

同学们：有。

杨老师：有？真的吗？

同学们：没有。

杨老师：又没有。到底是有还是没有呢？

同学们：有。

杨老师：到底有没有？

同学们：有。

同学：应该有。

杨老师：这位同学说应该有，你说说为什么应该有。你帮他补充一下。

同学：情绪是有好有坏的。

杨老师：请坐。你刚才说其他三种情绪有好处，有哪些好处？

同学：有时候可以解脱自己。

杨老师：你觉得可以解脱自己。

同学：给自己释放压力。

杨老师：给自己释放压力。

同学：发泄自己的不满。

杨老师：发泄自己的不满，其他还有什么好处吗？

同学：情绪可以放松。

杨老师：这位同学说，可以让自己改正。给你改正就是提醒你，对不对？

同学们：对。

杨老师：是不是有这个作用？

同学们：有。

杨老师：比如说惧。我们在大草原上，或者我们在原始森林里碰到一头大狮子，你怕不怕？

同学们：怕。

杨老师：你怕不怕？

同学们：怕。

杨老师：有不怕的吗？都怕是不是？

同学们：嗯。

杨老师：你是不是怕被狮子吃了啊？

同学们：是。

杨老师：那怕就会怎么样？

同学们：跑。

杨老师：然后跑了以后你就怎么样？

同学们：不敢再去了。

杨老师：不敢再去了，对不对？你逃过去了是不是就可以保护好你的……

笔记栏

步步引导，深入了解基本情绪——情绪没有好坏之分。

同学们：生命。

杨老师：对。你说我不怕，我就让狮子吃了我。所以惧是不是也可以给我们一些提醒？

同学们：是。

杨老师：对，它对我们是不是也有一定的作用？

同学们：是。

杨老师：完全对，完全有。比如说怒，生气了，他在我面前说我的坏话，你说我生气不生气？

同学们：生气。

杨老师：生气有什么作用？

同学们：打他。

杨老师：那是生气之后引起的行为。但是你生气了以后其实就是提醒了那位同学，你这样做我……

同学们：不高兴。

杨老师：我不开心了，我不高兴了。

同学：不要让他那样做。

杨老师：对，那位同学就会怎么样？

同学们：改正。

杨老师：就会改正，对不对？

同学们：对。

杨老师：你说愤怒是不是有提醒作用？

同学们：是。

杨老师：对了。所以我们说这几种基本的情绪都是有一定作用的，我们也不可能天天嘻嘻哈哈，高兴得不得了，对不对？

同学们：对。

杨老师：其他的情绪同样也有用。所以我们说情绪没有好坏之分，但是情绪背后所带来的行为，是不是不一样？

同学们：是。

杨老师：比如我一生气就要打人，刚才他不是说要打架吗，打他，打残他。是不是坏事？

同学们：是。

杨老师：你说我要生气的时候除了打之外，还可以采取什么别的方式？

同学们：骂。

杨老师：骂，还有没有？

同学们：告诉老师。

杨老师：告诉老师，告状。

同学：搞恶作剧。

杨老师：搞恶作剧，还有没有别的？

同学：有。

杨老师：你说。

笔记栏

说明道理：情绪虽然无好坏之分，但情绪引发的行为有好有坏，所以情绪需要管理。

笔记栏

再次用故事带领学生进行思考：不恰当的情绪会带来伤害，需要调节。

同学：我生气了就是把自己关在屋子里。

杨老师：你生闷气，是不是？

同学：是。

杨老师：你惩罚一下自己，是不是？

同学：是。

杨老师：其实还有很多办法，等一会儿咱们再研究一下。所以情绪没有好坏之分，但是情绪背后的行为却有好坏，并且行为所产生的后果是有好坏之分的。有这样一个故事，有一个小男孩脾气特别暴躁，他的爸爸给了他一盒钉子，说："你生气的时候，很想发脾气的时候，你就去后面的围墙上去钉颗钉子。"然后这个小男孩一生气就去墙上钉钉子，再一生气去钉个钉子。过了一段时间，他把钉子全钉完了。爸爸就说："当你能够控制自己的情绪的时候，脾气不是那么躁的时候，你就拔下一颗钉子。"于是这个男孩每控制一次情绪，就把一颗钉子拔下来，最后竟把钉子拔完了。

同学：再去钉。

杨老师：再去钉？他已经能够控制自己的情绪了，还用再钉吗？

同学们：不用了。

杨老师：爸爸就拉着小男孩到后墙去看，

大家想象一下这后墙上会是什么情况？

　　同学们：全是洞。

　　杨老师：是不是全是洞？

　　同学们：是。

　　杨老师：对啊，发脾气会不会留下痕迹？

　　同学们：会。

　　杨老师：对别人说了难听的话，或者带来的伤害会消失吗？

　　同学们：不会。

　　杨老师：对，它会留在墙上，留在人的心墙上，是不是？

　　同学们：对。

　　杨老师：所以我们的情绪是不是需要调节？

　　同学们：是。

　　杨老师：因为它会给别人，或者给这堵墙，甚至给自己，带来很多伤害。这位同学说他生闷气，自己生气，气得吃不下去饭，睡不着觉，是不是在伤害自己？

　　同学们：是。

　　杨老师：打别人、骂别人是不是在伤害别人？

　　同学们：是。

　　杨老师：对。那么同学们，大家看一看我们

笔记栏

这个教室的两边，摆的情绪脸谱，大家先看一下，都有什么表情？

同学们：开心，疑问。

同学：发怒。

同学：疑惑不解。

同学：伤心。

同学：号啕大哭。

杨老师：还有吗？

同学：笑嘻嘻的。

同学：尴尬的。

杨老师：等一会儿我就让大家到后面去挑选一个。第一，你觉得看着顺眼的。第二，你觉得感兴趣的。第三，跟它有故事的。有的同学可能会两个人选同一个，也没关系，两个选一个的就坐一块儿。我等会儿让大家分享一下，好不好？

同学们：好。

杨老师：下面开始！我等会儿问你们，挑的什么情绪。你挑的是什么情绪？

同学：不在乎。

杨老师：翻过来，让大家看一下。你挑的什么？

同学：疑惑不解。

同学：开心。

同学：大哭。

同学：愤怒。……（一个个轮流说出自己选的情绪。）

杨老师：好。那么你选这个脸谱，仔细看一下，你为什么选它，有什么故事吗？我找同学说说，举手，谁想分享？

同学：因为自己也不生气，也不高兴，所以就选一个平常的。

杨老师：这是一个比较平静的，是吧？

同学：是。

杨老师：好，谢谢你，请坐。大家跟左右两边的同学分享一下，你为什么要拿这个情绪脸谱？（留两分钟给学生讨论）哪位同学交流完了，想跟大家分享一下。

同学：我选这个表情是因为我小时候在阳台上跌了一跤，头上有一个疤，当时就号啕大哭，所以我选这个表情。

杨老师：现在呢？

同学：现在我觉得不疼了，我想选比较高兴的，可是他们都抢完了。

杨老师：那你现在想起来这件事你有什么感觉？

同学：想起来这件事，反正是以前了，现在也不会痛。所以说经历这个事情，我想的就是以后我小心点就不会再发生了。

杨老师：特别好。小的时候虽然摔了，但是现在长大了，就可以保护自己了，是不是？

同学：是。

杨老师：非常好，掌声给他。还有哪位同学想分享的？你来。

同学：我选的是愤怒，因为我经常会发怒，我脾气比较暴躁。

杨老师：这位同学知道自己在情绪方面有一点欠缺的地方，知道自己脾气急，爱发怒，知道这一点就会改变。掌声也给他。还有没有同学要分享的？

同学：我选的这个表情是疑问，因为我上数学课的时候经常思考问题，我就选了这个表情。

杨老师：喜欢思考问题是吧，所以你就选择了这个。那么思考问题的时候你会有什么感觉呢？

同学：非常难。

杨老师：非常难，难了以后你会有什么……

同学：问老师。

　　杨老师：她有情绪的时候会想办法解决，怎么解决？

　　同学们：问老师。

　　杨老师：还可以问……

　　同学们：同学。

　　杨老师：对，很好。

　　同学：问班长。

　　杨老师：问班长，对。还有谁想分享一下？你要不要分享一下？

　　同学：我选这个情绪是若无其事，有一次我们去上学的路上，有个小孩掉了十块钱，然后就拾起来了，若无其事地走进了班里，然后给了老师，老师表扬我了。

　　杨老师：为什么是若无其事呢？

　　同学：因为害怕他们发现。

　　杨老师：怕他们发现？

　　同学：发现我捡到十块钱。

　　杨老师：为什么怕别人发现呢，这不是做好事吗？

　　同学：怕他们抢了我的功劳。

　　杨老师：你这个若无其事故意装出来的对吗？

　　同学：嗯。

　　杨老师：其实内心是很……

笔记栏

同学：开心。

杨老师：其实内心是很开心的，因为捡到了十块钱，然后交给了老师，内心不是想自己留下，而是做了一件好事，叫拾金不昧。掌声给他！还有没有愿意表达的？好，你要表达。

同学：我选的是尴尬，因为每次上课都要回答问题，如果回答错了会非常尴尬，所以我就想解决这种尴尬。问一问老师、同学，然后再重新回答问题。

杨老师：很好，她会想办法解决，特别好。好的，再看一下你手里的这个情绪脸谱，你看看愿不愿意跟同学交换，愿意交换的同学可以互相交换。换完之后再仔细看一看，你想跟这个情绪脸谱说一句什么？

同学：再见吧，尴尬。

杨老师：还有吗？

同学：以后不要再恼怒了。

同学：我要每天开心。

同学：我也是。

同学：我也是。

杨老师：就是说你们大家都想每天开心，是不是？

同学们：对。

跟情绪对话。

笔记栏

杨老师：这是好的。但是我们在生活、学习、工作中，与同学之间、家人之间肯定有时会遇到不开心的事，对不对？

同学们：对。

杨老师：但是我们有办法去解决，有没有？

同学们：有。

杨老师：肯定有办法解决，是不是？有多少办法呢？

同学们：好多。

杨老师：对。等一会儿我就看你们有多少办法，我们比一比。我们等会儿分成组，看哪一个组办法最多，好不好？

同学们：好。

杨老师：好，大家先把情绪脸谱放回原位。表扬咱们班同学，五（5）班同学，摆那么好，摆那么整齐。把掌声送给我们大家！那下面我们来做一个活动，分分组。叫"粘泡泡糖"。

同学：泡泡糖，粘哪里。

杨老师：很好，有同学玩过。我说"泡泡糖"，你们说"粘哪里"。例如我说"粘左手"。然后你们问我"粘几个？"我说"两个"，那么两个同学就要左手跟左手粘在一起。明白了吗？

交流保持积极情绪的方法（分组讨论）。

★分组活动
——粘泡泡糖
作用：用于分组，并激活团体气氛。
注意事项：
"粘"的是学生的身体部位，应随机确定，如手、手指、脚、脑瓜等。

笔记栏

同学：明白了。

杨老师：泡泡糖。

同学们：粘哪里？

杨老师：粘左脚。

同学们：粘几个？

杨老师：粘 7 个。非常好！咱们再来一遍，再打乱一下。泡泡糖。

同学们：粘哪里？

杨老师：粘肩膀。

同学们：粘几个？

杨老师：粘 5 个。好的，组已经分好了。

分组
↓
选组长
↓
分享排解
情绪方法

大家每 5 个人搬着凳子坐到一起。现在你看一下你们组的成员，要选出来一名组长。我等会儿喊"一、二、三"的时候，你们把手指都指向你想让他做组长的那个人。被选定的组长站起来。组长要负责组织你们组的同学们在一块儿讨论，讨论内容一会儿我会告诉大家。现在各位组长到前面来领一张纸。组长带领你们组的同学把我们平时在学校和家庭中解决自己情绪问题的方法，写到这张纸上，一条一条写清楚。我看哪个组写得好。（留五分钟给学生进行这项活动）好的，我看有的组都已经写完了。那么各组的组长把你们组的汇总一下，然后给大家汇报一下，看看你们有哪些好办法来调整自己的情绪。

同学：有时候在家吵完架后可以吃颗糖，喝口水，缓解缓解情绪，然后想想为什么别人会说我，到底是谁做错了。如果是自己做错的话就会改正，并向对方道歉，请求原谅。

杨老师：就是说他这个方法可以采用吃食物缓解情绪，然后去反思自己的情绪，提醒自己。还有哪个组？其他组注意听。

同学：当自己生气的时候我会努力想一些好的事情，尽量不去想那些不好的事情，因为这样才能调整好我的情绪。当我开心的时候我会去做一些开心的游戏，当我自己有疑问时我会去跟老师或同学交流这个问题，当我伤心的时候，我会在心里默默地对自己说，不要伤心，开心做好自己才是最重要的。

杨老师：这位同学说到几个方法。第一个方法是可以转移自己的注意力，把不好的情绪转移到开心的事情上，转移一下。第二个方法就是寻找老师去解决，这样也是转移一下。再有就是对自己暗示，暗示自己不要不开心了，开心才是最重要的。还有哪一组分享一下？重复的可以不用说了。

同学：在家里生气可以找朋友玩，缓解情绪。在家里开心可以出去玩，让自己开开心心的。在家里弟弟打我，妈妈却一直骂我，我就一个人痛哭。在外面生气可以不理会那个人，自己玩。在上数学课时遇到问题先思考再问老师。

杨老师：这个组里面他们讨论的，比如说妈妈不理解他，弟弟和他之间有矛盾的时候，他不高兴的时候，他会怎么样？

同学：哭。

杨老师：对，哭也是调节情绪的一种方法。男孩子哭过没有？

同学：哭过。

杨老师：对，哭泣也是一种调节情绪的方法。还有就是跟朋友玩，这是个好办法。来，这一组同学。

同学：生气时我会想一些开心的事调理自己的心情，有疑问时我会问同学和老师解开疑问。不开心的时候去找同学玩，或者自己找乐子。不高兴时我会不理别人，回到家里关上门，钻进被窝里面，哭一场就会让自己解气。平静时想一些有趣的事情，或者找爸爸妈妈聊天。恼怒时我会把自己关在房间里，等气消了再出来。

杨老师：他有一个办法和别人不一样的，那就是他可以在生气，在情绪不好的时候，可以让自己静一静。比如说到自己房间里去安静一会儿，这也是一种调节的方法。

同学：悲伤时我会去公园里坐到草坪上看风景，有高兴的事情跟大家一起分享，让大家也一起开心一下。

杨老师：还有吗？

同学：发怒时我会狂看漫画，释放压力。惧怕时我会睡觉，睡觉的时候会忘记害怕的事。运气不好时我会洗洗澡，去去晦气。

杨老师：这个组里面有这两个调节情绪的方法挺好，比如说自己不高兴的时候可以去看漫画、看书，释放压力，让自己开心。还有一个就是跟朋友在一起，不高兴可以找朋友分享、沟通，这个方法非常好。你来说你们组有哪些。

同学：悲伤的时候可以找家长谈谈心，发怒的时候可以把自己关在屋子里打游戏，或去外面踢足球，惧怕的时候可以躺在被子里。

杨老师：怕的时候躺到被子里是吧？

同学：不是躺到，钻进被窝里。

杨老师：你们组。

笔记栏

同学：生气的时候把自己关到屋子里，还有一个就是，发怒的时候可以让自己看喜剧电影。

杨老师：这个办法好。不开心的时候看什么？

同学们：喜剧电影。

杨老师：对，看搞笑的电影，可以看小品、漫画，让自己开心。这个办法好。

同学：去找朋友玩。

杨老师：去找朋友玩，可不可以？

同学们：可以。

杨老师：对，非常好。

同学：不开心的时候给自己找一些乐趣。

杨老师：找一些乐趣，非常好。好的，看来同学们对情绪的调节都有自己的一些方法。情绪管理的方法主要有两个，一个是转移自己的注意力，另一个是合理发泄，过度行不行？

老师总结、升华。

同学们：不行。

杨老师：合理地发泄，你可以哭。

同学们：可以喊。

杨老师：对，可以喊，你看到电影里面是不是有些人生气的时候跑到山上、树林里去大喊，是不是可以？还有倾诉。

同学：给别人说自己的苦。

杨老师：对了，跟别人，跟朋友，跟家长说说。

同学：诉说一下。

杨老师：对，诉说一下。还有一个就是动，运动。

同学：打沙包。

杨老师：对，踢沙包，打沙袋。

同学：踢足球。

杨老师：踢足球，对。还有？

同学：打篮球。

同学：打羽毛球。

同学：跑步。

杨老师：乒乓球，对。所以运动同样也可以减轻我们情绪方面的一些负面影响，非常好。有一首诗歌送给大家，大家一起来读一下好不好？

同学们：好。

杨老师：看谁声音大，预备，读！

同学们："你不能预知明天，但可以把握今天。你不能样样胜利，但可以事事尽力。你不能左右天气，但可以改变心情。你不能控制他人，但可以掌握自己。你不能选择容貌，但可以展现笑容。"

杨老师：太棒了。好，同学们，今天咱们这

笔记栏

结尾：以诗歌或歌曲结束，温暖团体气氛，进行情感升华。

一节课就到这里了，来，大家坐成圆圈，回到圆圈的形式。我们这一堂课上完之后，大家对自己的情绪调节是不是收获了很多办法呢？

同学们：是。

杨老师：其实有很多同学已经有很好的办法来管理自己的情绪，让自己的情绪比较稳定，能够有度。所以大家把掌声送给我们所有的同学。掌声再热烈一些！非常好。那么今天的课程咱们就到这里了，谢谢各位同学的支持、配合，希望大家能成为一个开心、快乐的同学。谢谢大家！

同学们：老师再见！

杨老师：同学们再见！

三、课后督导

（本节课由韦志中老师进行督导）

（一）优点

1. 以符合主题的故事引入

我们发现这样一个有趣的规律：会讲课的老师都离不开故事。比如释迦牟尼、孔子、亚里士多德这些千古大家，在为学生传道授业时，一般不会只讲逻辑道理，也不会直接回答问题，而是 70% 的篇幅都在讲故事，知识和道理就蕴含在故事中，回家自己悟去吧。

体验式团体教育的目标就是让学生在轻松愉快的氛围中获得心灵的成长，因而在体验式班会中有"三大法宝"：故事、实证和体验。实证就是知识、理论、心理技术，这是硬件，是"干货"，有实证才是科学。体验是最后但也是最关键的环节，触动心灵才能使学生有所收获。而"三大法宝"中，故事打好了头阵，才能带领学生由浅入深地走进知识，学生才有耐心完成体验。

故事作为主题的引入，必须要显得不突兀，同时要有针对性。"我的情绪我做主"班会中一共有两处运用了故事，第一次是用"粗心的医生"的故事引出"情绪"这一话题，让学生认识到情绪的重要性。第二次是用"钉钉子"的故事告诉学生不良情绪会带来不良后果，但排解情绪是有方法的。这两处故事都用得很恰当、巧妙，看得出杨老师"台上十分钟，台下十年功"，故事平时要多积累，用时才能信手拈来。

2.遇到与计划不同的状况镇静应对

杨老师在提出用"粘泡泡糖"游戏进行分组时，有同学接话了，说明有同学玩过这个游戏。遇到这种情况，也许初级做体验式班会的老师会有这样的心理负担："怎么办，同学们做过这个活动了，就没新鲜感了，会不会影响效果？"这就像在台上说相声，你铺垫半天一个包袱准备出来了："远看一头驴，近看一头驴，是驴还是驴，就是不能骑。"搭档问："什么驴？"还没等你回答，台下的观众就说："死驴！"观众把要说的话接了，段子被戳穿了，那就没意思了。

其实完全没必要有这种心理负担，杨老师在课上的表现就很好，她很镇静，按原来的计划走下去，并达到了自己的教育目标。技术、游戏是参考书上的，不可能做到完全不重复，而且即使是用相同的活动，不同的情景、对象、导师都会发挥出不同的效果。所以，只要做好遇到这种情况的心理准备，镇静应对，按原计划进行，相信就能达到你想要的效果。

3. 课堂的动力均衡

课堂发展过程很有序，开始是老师跟整个班互动，接下来是分组，变成小组内的互动。课堂的动力流向呈"三角形"式：个体—小组—班级，讲解—体验—分享。这两个"三位一体"，使课堂动力达到均衡的状态。

这是体验式班会常有的模式，所以这节课是中规中矩的。我说"中规中矩"是一种不褒不贬的态度，如若能用一种新颖的方式来同样达到"三位一体"那就更好了。

（二）不足与优化建议

1. 把时间留给重点，不需要绕太多弯

一是入场式。课程内容不同，老师的风格不同，导入课程的方式自然也会不同。就像奥运会的入场式，每个国家有每个国家的特色。所以 10 个老师上 10 门课可能就有 100 种入场式。我们今天上的是体验式班会课，就得体现它的入场特色和要求。第一，要和学生讲清楚课堂纪律、活动规则；第二，制造教育情境，引导学生进入氛围；第三，就是定方向和目标，让学生知道今天要干什么。

以上三点是必须要有的，但不能铺垫过多，因为大家都知道，

一个演讲家要讲课的话，如果在三分钟之内吸引不了观众，基本上后边他讲得再精彩，观众的心都已经跑远了，甚至跑光了。而且我们的课堂时间只有 60 分钟，如果开场像绿皮火车那样哐当哐当半天还没开动，后边的内容就来不及了。所以，入场式要抓住重点，不需要绕太多弯。

二是暖场活动。我们一直有个误区，认为心理课、德育课、体验课一定要暖场，就是我们说的"破冰"。我们过去学习上这种团体课的时候就是这样的模式，但因为我们这节课带的学生都是彼此熟悉的，而且都是听话的好学生，不是混乱的场面，所以今天我认为可以改变一下，不一定要暖场了。入场式入好了，就已经形成了一个强力磁场，可以开始更精彩的内容了。

三是体验。体验式班会关键环节在于体验，前面的都只是铺垫、导入。本节课中，体验环节是在"情绪脸谱"部分进入，但"情绪脸谱"技术在班会开始后半小时才用上。我用一个"才"字，说明其实可以把前面入场、暖场、讲解等环节优化，是可以早开始的。例如：各位同学每人来说一下你们平时生气了，不开心了，是怎么缓解、怎么处理的？（讨论一下很快过去）那你们觉得还有没有更好的方法？情绪管理的方法，想不想学？那好，我们今天就在这儿玩一玩，学一学。还有一个小方法，我们可以提前制作好情绪知识卡片，或者将情绪知识写在 PPT 上，就可以省去一些讲解的时间了，也可以让学生看得更加清楚。

说了那么多，我认为"绕圈子"涉及了教师心理资本的问题。老师如果焦虑、紧张，或者知识储备不足，又或者现场的配合不到位，就很可能出现绕圈子的问题。他在等待什么，等待谁？他是在等待自己的状态来临。可是课堂上是大家陪他一起等，学生得为老师浪费的时间买单，那就不应该了。因此，老师应在课下多用功，在课堂上每个不重要的环节节省三两分钟留给关键环节，整个课堂就能呈现更大的效果。

2. 班会还是心理课？术语要注意区分

我发现课堂上杨老师一会儿说班会，一会儿说心理课，表明她对两个概念没有清晰的区分。这并不是小事，因为导师不明确这堂课的性质，达到的教育目标就有所偏颇。

体验式班会全称为体验式团体教育模式班会，是指在学校教育教学环境下，根据学生身心发育特点、成长规律和班级建设的需要，在团体动力推动下，通过绘画、音乐、具象、此时此地技术等体验式心理教育技术来组织的班会。老师应带领学生在体验式班会中主动参与、获得体验、积极分享、提升感悟。

心理课又叫心理辅导课，是在团体情景下进行的一种心理咨询形式，它是通过团体内人际交互作用，促使个体在交往中通过观察、学习、体验，认识自我、探讨自我、接纳自我，调整改善与他人的关系，学习新的态度与行为方式，以发展良好的适应的助人过程。

乍一看两个概念并没有很大的区别，其实也没有唯一的定义，也不必死磕定义。我认为只需明确两点：第一，体验式班会是以"班"为中心，最终是服务于班级管理和学业的，只是套上了心理技术的内容和形式；第二，心理课着重的是人格层面的塑造，相对来说是一个更长远的目标，包括心理健康知识的传授、不当行为的干预等。

例如开展"我的情绪我做主"班会，老师是之前观察到了学生的一些情绪问题，希望通过这次班会让孩子们能主导自己的情绪，不让不良情绪导致学习动机、学习效能和班级管理水平的下降，所以被列为班会而不是心理课。

3. 明确目标，有的放矢

以"情绪"为主题的班会，一般有三个目标或者说三个层面：认知、释放和转化。认知是了解有关情绪的知识。告诉学生情绪是什么，有哪些分类，大家平时是怎么对待情绪的，哪些方法是积极的，哪些方法是消极的……也就是以澄清、讲道理为主要目标。但讲道理遇到愤怒、焦虑、冲动的人就不管用了，因为情绪的运转速度是认知的 50 倍，这时就需要以释放为目标了。释放就是让学生表达自己的情绪，表达出来也是一种排解的好方法。到了第三个层面，就是形成自己的转化模式，建立长期的情绪管理机制。比如积极心理学的方法就是培养积极情绪以撤销不良情绪，就像体内注入了免疫力，有病毒入侵时有能力抵御。

这三个目标在同一堂课中不必面面俱到，不是菜篮子什么都装。所以就要有的放矢，导师在开始课堂前就要针对学生的状况，考虑好把重点放到哪一部分，以哪个层面为目标。本节课中杨老师可能没有考虑好这个问题，虽然这三个层面都有涉及，但安排的时间比较混乱，认知层面说得比较多，释放做得比较少，而转化部分基本上没有。

（三）其他思考

1. 学生在课堂上表现的真实性和自然性

上课过程中我一直在观察学生的表现，他们的鼓掌、回应、分享，似乎都在告诉我们他们在积极地配合并真实地表露自己，但是我又隐隐约约地感觉到他们的这种真实不是我想要的真实。平时大家应该也有这种体会，是否有老师在现场，学生的表现是不一样的。这是一个很重要的现象，就是我们每个人，不论大人小孩，都是有社会化的。社会化就要戴上面具，展现出别人期待的那一面或者猜想别人期待的那一面。

特别是在心理课、班会课这种发展性的课堂上，教育者要思考怎样把学生隐藏在面具下最真实的一面表现出来，这样教育才会更有价值，发挥的作用才更大。老师应该是"时而在前，时而在后，常常陪伴在左右"的，不能总在前面拉着学生，把学生的天性压抑了，就好比控制欲强的妈妈教养的孩子很难有健全的人格。

如何让学生放心大胆地表现他们的真实呢？其实学生也在试探老师的态度，他们通过老师的行为、说话方式、表情等能感觉到我们对老师的接受度。如果老师呈现的是宽容、接纳的态度，允许学生出错，不好也没关系，学生就会自然而然表现得越来越真实。如果老师是严格、拘谨的，对学生的干预过多，这个不能做、那个该那样做才行，那么学生也会将他们的天性隐藏起来。恰当的比例应该是七分干预三分自然，在心理课、班会课上的比例就更可以放松了，五分干预五分自然都是可以的。

我在这里抛出这个问题，值得老师们思考，希望大家可以展开探讨更多的处理方法。

2. 整齐划一的回答

课堂上经常会出现整齐划一的掌声和答话声，例如老师在说完开场白时、课堂结束致谢时，同学们响起了齐刷刷的掌声。老师提问题时，学生经常会异口同声地回答"是！""对！""有！"整齐表现了学生的配合、积极、听话和纪律。但是我思考的是，在心理教育课、德育课这些发展性课堂上，和传统学科课堂上回答问题的模式有没有区别呢？在发展性课堂上也是整齐划一的掌声和回答是不是不太合适呢？

什么决定了整齐的回应？我想主要是问题的形式。像"是不是""对不对""有没有"这种封闭式问题实际上限制了学生的思考，也暗示了老师想让学生回答的答案，即使有同学有不同的意见，也会被多数同学的声音压过，就自然是整齐划一的。而开放式问题一问，就容易出现冷场，其实是学生很少用独立、发散的模式进行思考，他们已经习惯了整齐划一的上课模式，突然被抛出一个问题就愣住了，因为已超出原本的系统。

所以，整齐划一的鼓掌和回答是由老师的态度、主题、形式和内容决定的，老师问的问题不是整齐划一的，学生的回应慢慢地就不整齐划一了，老师问的问题是期待着它整齐划一的，学生的回应就会习惯于整齐划一。我想，课堂上应该少一些整齐划一，多一些不同的声音，教育水平才能提升和进步。

第二节　班会2：时间管理

一、背景介绍

（一）时间管理的含义

时间，不可再生，不能停滞，不可伸缩，也没有替代物。时间的特性决定了它是世界上最稀有、最珍贵的资源。虽然时间公平地给每个人以每天 24 小时，但每个人却活在不同的小时里，因为时间是因人而异的，可变的。时间管理研究专家杨杰说，"智者利用时间来创造机会，所以他的成功机会永远比别人多。庸者将时间拿来把握机会，所以他只会获得一点点的成功。愚者则浪费时间来错过机会，所以他永远不会成功"。所以，时间是可以管理而且需要管理的。

随着现代社会的发展，人们越来越认识到时间宝贵，因而对时间管理的研究日益增多。时间管理已经成为管理学、心理学研究的新领域。

时间管理，《心理学大辞典》这样解释："个体为有效利用时间资源进行的计划和控制活动。也即要在同样的时间消耗下，为提高时间的利用率和有效性而进行的一系列工作。其目标是要使人们从被动地、自然地使用时间转到系统地、集中地、有目的有计划地主动分配使用时间，从而进行高效的、富有创造性的劳动。"

（二）中学生时间管理的意义

平时，很多学生常常会有这样的困惑：自己从早学到晚，每天不停地看书，忙得喘不过气来，可为什么学习、生活却还是如同一团乱麻，没有丝毫改善。而有的同学不见得比自己多花时间和精力去学习，却学得既轻松、又快乐。是不是有什么"窍门"？如果有，又在哪里？我们认为，回答是肯定的，那就是要合理地利用时间，善于科学地管理时间。

第一，学会管理时间有助于提高学业成绩，也有助于促进未来的成功。时间管理能力是素质教育的应有之义已经没有争议。许多研究也证明，时间管理的状况是影响中学生学业成绩的一个重要因素。此外，现在国际社会普遍认可时间管理能力是通用能力中的一个重要内容，是个人发展的核心竞争力，是在不同的阶段、职位和工作中可以复制、通用的知识和技能。因此，学会时间管理，不仅在目前的学习阶段大有用处，对今后的事业成功也会起到重要的促进作用。

第二，学会管理时间可以减轻各方面压力。国内国外大量研究表明，时间管理与压力呈负相关。当前，中学生在身体和心理上承受着巨大的压力，如果能够进行有效的时间管理，不仅可以学得更好，还可以获得更多的休息时间，从而减轻来自身心的双重压力。

第三，学会管理时间可以提高中学生的生活质量和乐趣。造成目前中学生生活质量的差异，一个关键的原因就是时间管理能力的高低。已有研究表明，个体的时间管理与生活质量呈显著相关。提高时间管理能力，能改善学生生活质量，增加学习生活的乐趣。

第四，学会时间管理还可以减少中学生问题行为的发生。

初中生问题行为的检出率要高于其他学龄段学生的平均水平，初中阶段是问题行为的多发阶段。这一方面缘于初中阶段孩子的生理发生急剧变化导致心理的动荡，另一方面也缘于初中生还没有很好的时间管理行为，缘于许多老师、家长不重视对孩子进行正确的时间管理方面的干预、训练和教育，而是按照自己的本能和习惯来安排学生的时间，全然不顾孩子的精神需要和自由需要。

（三）中学生时间管理干预研究

中学生时间管理的重要性和迫切性要求我们更加重视这个问题，重视相关方面的研究。但是目前的研究存在一些不足：

第一，国内心理学界对于时间管理的研究，仍然停留在描述性研究的水平上，还很少有干预性研究。

第二，在研究对象上，以大学生居多，高中生也不少，而以初中生为被试则相对较少。

第三，在研究类型上，国内现有研究以相关研究为主，而实验研究则非常少。

第四，在研究方法上，以量的研究为主，少见有运用质的研究。

此外，虽已有研究表明，时间管理训练具有可操作性，可以提高学生时间管理能力和自身心理健康水平，但时间管理训练程序缺乏，所以找到行之有效的时间管理训练程序，是一项关键工作。本次"时间管理"体验式班会就是在以探讨和检验适合我们学生实际的时间管理训练为目的背景下开展的。

二、课堂实录

杨老师：同学们好！

同学们：老师好！

杨老师：谢谢，谢谢大家的问候！我是杨老师，来自河南郑州，是一名心理健康老师。今天特别高兴来到林州一中，和我们初三的同学一起来上这一堂课，特别荣幸。感谢大家！（同学们鼓掌）在我们今天的课程中将会有一些体验、一些活动。大家既然来了，就有三个要求。第一，认真听。听我讲，听同学讲，同学分享的时候你们要认真听。能做到吗？

开场：自我介绍，并约定课堂纪律。

同学们：能。

杨老师：第二，积极参与。第三，用心体验。可以吗？

同学们：可以。

杨老师：好的，谢谢大家！我们这个班的同学虽然说经常在一起见面，但是大家肯定还没有相互握握手，问个好。那给大家一个机会，相互握个手，说你好！

*★开场小活动——握手
作用：活跃团体气氛，消除学生防卫心理、缓解拘谨气氛。*

同学们：（握手）你好！

杨老师：我们班的同学关系都非常融洽，不过我也看到了男生女生比较分明，这边全是

笔记栏

男生,这边全是女生。一会儿我给你们打乱了,但是我要先说清楚,打乱就打乱了,你们别觉得不好意思,"我跟女孩子在一块儿,我跟男孩子在一块儿"。别不好意思,既然参与了这一课,我怎么分组你们就怎么去做,好不好?

同学们:好。

杨老师:咱们来做一个叫"大风吹"的游戏。大风来能把树叶吹跑,我这风可厉害,还能把你吹跑。对,一吹跑你就要换座位,你就不能在你原来的座位上了,好不好?

同学们:好。

杨老师:我说"大风吹",你们问我"吹哪里"。我说吹到谁的身上,谁就赶快换座位,就不允许在原来的座位上了。我们来试验一次。大风吹。

同学们:吹哪里?

杨老师:吹到戴眼镜的同学身上。快点、快点,椅子不用动。看到有位置再跑过去。刚才试验一下,会了吧?

同学们:会了。

杨老师:啥心情?

同学:我还没反应过来。

同学:我一开始就抢到了座位。

杨老师：你挺快的。来，正式开始。大风吹。

同学们：吹哪里？

杨老师：吹到男生身上。再来一次，我看看这一次逮着谁最后一个。大风吹。

同学们：吹哪里？

杨老师：吹到我们全班同学身上。这个游戏就先做到这。那下面我们来报报数，从一报到七，再从一到七地报。从你这开始吧。

同学：一。

同学：二。

同学：三。

同学：四。

同学：五。

同学：六。

同学：七。

同学：一。

同学：二。

同学：三。

……

同学：一。

同学：二。

同学：三。

★ 简单的分组方法——报数。

同学：四。

同学：五。

杨老师：怎么最后少了两个人，不是一共35人吗？

同学：请假了。

杨老师：那就这样吧。凡是报"一"的同学坐在一起，凡是报"二"的同学坐在一起，以此类推。坐成圆圈，选个组长。组长站起来，看一下。给你们组长一点掌声吧。把这个掌声对准他。你们组长是不是有点感受，可以说说。

同学：是他们让我站起来的。

杨老师：这令我想起一个故事，池塘边有个人在看鳄鱼，结果被人给推下去了，你是不是就是那个人？这是不得已当组长，不过非常荣幸是不是？

同学：是。

杨老师：好，给你这个机会。请坐！你来说说你的感想。

同学：他们都让我当组长，没办法。

杨老师：没办法。这又是一个迫不得已。

同学：比较高兴，还是比较高兴。

杨老师：虽然迫不得已，还是比较高兴，他其实内心可想当组长了。是不是？

同学：该怎么说呢。

杨老师：不知道怎么说了，有点尴尬。行，非常好。

同学：我多半是自己想当组长，然后他们又跟我说你当吧，我就立马站起来。

杨老师：很真诚对不对，掌声送给她。你来说说。

同学：我是最后反应过来的，他们都指着我，我肯定得站起来了。

杨老师：这有点英雄气概，舍我其谁啊。你来说说。

同学：他们都让我站起来，正好我也想站起来，就站起来了。

杨老师：这个也是心里面想当，给她掌声。你来说说。

同学：有点蒙，还没反应过来就都指着我了，所以就站起来了。

杨老师：看来大家都非常喜欢你，是不是？

同学：我也是迫不得已的。

杨老师：你心里是高兴还是什么？

同学：挺高兴的，大家都信任我。

杨老师：对，虽然是迫不得已，但内心还是窃喜。大家都很信任你们，你们肯定是要担当

笔记栏

责任的。你们要带领你们的小组员，我们待会要比赛的时候，或者是要做活动的时候，你们的小组就要在你的带领之下取得好的成绩。各位组长先请坐！我们来做这样一个活动，大家会鼓掌吗？

同学们：会。

杨老师：你鼓个我看看。

同学：（鼓掌）

杨老师：真会，真不是不会。好的，我问你一下。假如说我让你在一分钟之内鼓掌的话，你认为你能鼓多少次？

同学们：300 次。

杨老师：你鼓过？

同学们：对。

杨老师：你也鼓过对吧？

同学们：都鼓过。

杨老师：都鼓过是不是？

同学们：对。

杨老师：我有点不相信。都是 300 吗，就没有差异？

同学们：有。

杨老师：也有差异对不对？

同学：有时候能 1000。

★ 鼓掌测试：用相似的体验形式引出学习过程的变化曲线。

杨老师：太厉害了，1000，是不是你们班之最？

同学们：最虚伪。

杨老师：开玩笑啦，可能是他的期望值。咱们试试看，既然你们说都鼓过的话，说300的不一定能达到300，说1000的说不定能达到1000呢。我先采访一下，你准备怎么鼓？

同学：（拍手）就这样鼓。

杨老师：你鼓1000准备怎么鼓？

同学：（拍手）就这样。

杨老师：这更像是哆嗦吧（大家笑）。你准备怎么鼓？

同学：（拍手）这样。

杨老师：有技巧。你准备怎么鼓？

同学：该怎么鼓怎么鼓。

杨老师：随便，该怎么鼓怎么鼓。好，预备，准备好手，开始！（鼓掌声）……39、40，加油！10、9、8、7、6、5、4、3、2、1，停！长出一口气。那个小伙子，采访一下，多少个？

同学：一个指头的话是380个，用手的话估计是300下，应该是。

杨老师：你呢？

同学：245。

杨老师：我先采访一下组长，你是多少?

同学：我是352。

杨老师：352。你呢?

同学：300。

杨老师：你呢?

同学：280。

杨老师：280。相差也不多。你呢?

同学：300多吧。

杨老师：也是300多。小伙子你呢?

同学：三百来个。

杨老师：三百来个，具体多少不知道。好，重点采访一下这位之前说1000的，你们猜猜他多少?

同学：100。

同学：500。

同学：400。

杨老师：说说你多少?

同学：我是这样鼓的，所以说我差不多是1000吧。

杨老师：那不叫鼓掌（笑）。好，这个游戏其实你们做过。那我想问一下，你们以前做的时候和现在做，有什么感觉?

同学们：现在累。

杨老师：那个同学在甩，累。除了这个体验之外，我中间观察到一个现象，就是当到 30 秒的时候，大家声音就弱了。

同学：还剩最后 10 秒的时候又快了。

杨老师：对，当我倒计时 10 秒的时候，大家声音又开始起来了。所以这说明什么？

同学：最后的冲刺。

同学：这是最后的冲刺。

杨老师：看来最后的冲刺也很关键，也很重要，是吧？

同学们：对。

杨老师：大家刚开始很激昂，到中间就有点弱，后来又上去了，整个就是波浪型的是不是？

同学们：对。

杨老师：我们学习过程、学习状态跟这个很像。我不倒计时，你不知道时间，对吧？如果我倒计时了，我说 10，你就知道了，你就感觉很紧张。紧张的时刻我们都怎么样？

同学们：激发潜能。

杨老师：能激发潜能，是的。那么这短短一分钟之内，我们要达到自己的期望值，比如他说他 1000，他说他 300，他说他 500，要完成目标是不是有办法？

笔记栏

指出观察到的情况及其特点，引发思考。

同学：是。

杨老师：例如我们刚开始的时候会全力以赴，中间的时候假如说我们能够保持住，不停顿，到最后再冲刺。还有别的方法，我看有同学变换手势了。

同学：左手变右手。

杨老师：来，你给大家比划一下。

同学：刚开始是这样，这个手累了然后换成这样。

杨老师：这个方法好吧？

同学们：好。

杨老师：巧不巧？

同学们：巧。

杨老师：很聪明。还有一位同学也换了，你是怎么换的？

同学：我不知道我怎么换的，手累了。

杨老师：手累了，对，当他手累的时候他也是变换手势，这只累的手可以换成这个手势。所以我们想解决问题是一定有办法的，对不对？

同学们：对。

杨老师：好，那么大家看一下我前面这边，看这儿，能看到吗？

同学们：能。

杨老师：看不到的同学挪一下。你能看到，猜一下它们是干吗的？

同学：把石头扔进桶里。

同学：扔核桃。

杨老师：脑子都想吃的（笑）。你猜呢？

同学：我觉得是砸他。

杨老师：你用来砸他是吧？你猜呢，小伙子？

同学：我觉得他们都说核桃，他们肯定看了，所以说肯定是核桃。

杨老师：（打开袋子）石头，亲爱的宝贝。石头，不是核桃。好的，那下面我们来做一个实验。大家不要吭声，不要吭声的过程中就是用内心去体验，你静静地去想你内心所流过的想法。（演示把沙子和石子装到桶中）好，现在平了，装不下了对不对？还想再装点是吧，再加上。好，大家看刚才我是先装了什么？

同学们：沙子。

杨老师：然后再装的……

同学们：石头。

杨老师：小石子，对吧。最后装大石子，是不是？

同学们：是。

巧用"装石头与沙子"的形象比喻，并演示，直观地引出"时间管理"。

杨老师：现在哪个分量最多？

同学们：沙子。

杨老师：沙子的分量最多，然后小石子有一些，大石子现在实在装不下了，因为不能超过桶口的水平线。接着看另外一个。

同学们：先装大的。

杨老师：为什么这样想？

同学们：因为把石头放进去，有空隙。

杨老师：先把大石头放进去。

同学们：对。

杨老师：好，来。大不大？

同学们：大。

杨老师：装完大石头轮到小石头了。好，小石头，小不小？

同学们：小。

杨老师：大家看我这里面大石头多不多？

同学们：多。

杨老师：小石头也不少是不是？

同学们：对。

杨老师：好，下面我要装一些沙子。大家看，这些空隙里是不是可以装一些？是不是可以漏进去，你看，是不是？

同学们：是。

杨老师：我还可以把它晃一晃，是不是？

同学们：是。

杨老师：好。这算满了。大家看到，在装这两个桶的时候顺序不一样。我想问问，你们还发现了什么？

笔记栏

对比，感悟。

同学：先装石头装得多。

杨老师：先装石头的，装的东西多。还发现什么？

同学：装满石头有空隙，沙子还可以漏下去。先装沙子的话没有空隙，装的石头就很少。

杨老师：从这两个比较来看，就是这个是石头装得多，沙子装得少，对不对？这个沙子装得多，石头装得少，是不是？

同学们：对。

杨老师：对，这个道理大家都看到了。那么这个石头装满之后其实空隙里面还可以再装沙子，就是偷空，是不是？

同学们：是。

杨老师：偷空还可以装一些沙子。今天我们要讲的这个题目就是"时间管理"，根据这个主题你悟到什么吗？

同学：我们可以先做主要的事，也就是把大的石头装满，做完这些主要的事之后我们可以再寻找一些细小的时间，寻找细小的时间，也就是用那些沙子把空隙都填满，可以让自己的时间变得更充足。

杨老师：他是这样想的。

同学：同样是两个箱子，第二个装得更多，这可以比喻时间是相同的，方法不同，时间就多了。

杨老师：这位同学关注的是一种方法和方式，看问题有不同的角度。好，非常好。还有哪位同学？

同学：第一个装的石头比较少，第二个装的石头比较多。第一个先装沙子，石头是不会从沙子的缝隙里再掉下去，但是第二个可以先装石头，用沙子再填补石头的缝隙。所以可以先做主要的，然后留下的最少的时间去弥补自己的不足。

杨老师：说得很好，给他掌声。大家看到的是装石头和沙子的一种现象。联系到我们的学习，大家也联想到了，我们可以先做重要的，然后呢？

同学们：再做次要的。

杨老师：再利用空闲的时间……

同学们：利用空闲时间做零碎的事情。

杨老师：对。再利用一些空闲的，或者是碎片化的时间去做一些其他的。我问一下，这个石头代表的是我们学习上什么样的事情呢？

同学：作业。

杨老师：作业，上课。还有什么？

同学：我觉得就是知识的系统化。

杨老师：她说是知识的系统化。学习上重要的事情还有什么？

同学：上课认真听讲。

同学：认真做笔记。

杨老师：你说。

同学：课后及时复习。

杨老师：课后及时复习，这是重要的事，是吧。你说说。

同学：课前先预习。

杨老师：好，刚才大家列举了很多，比如说上课认真听讲，写作业，复习。但是石头也有大小之分，就是重要的事情也有大小之分，所以大的石头和小的石头我怎么样去装更好呢？

同学：先装大的石头，再装小的石头，就是先挑主要的事情，更重要的事情来做，然后再往后排。

同学：我觉得就是先巩固基础，也就是先装

大的石头，然后再提高，最后就是创新。

杨老师：最后再是创新。还有没有什么想法？那位同学。

同学：我想的是它们两个可以看作是体积一样的，那么如果规划是一样的话，效果应该是一样的。

杨老师：规划一样，仔细说一下。

同学：比如说你在做这件事之前已经规划好，哪个要花多少时间，那无论你做这件事情的次序怎样，只要你完成这个目标，效果是一样的。

杨老师：他刚才说到规划，他说我只要规划好了，次序不一定重要。规划好了哪些是重要的，哪些是次要的，哪些是不重要的，然后再去做，是吧？他有这样的体会。那你怎么体会？

同学：我觉得和他差不多一样，就是把重要的事情先做好，然后再规划一些琐碎的，最后是提高的。

杨老师：都说到"重要"了。好，听听这位同学的感想。

同学：我觉得比如说我们可能做完一件重要的事情之后，应该得有一个小的空间，然后做一些不重要的事，来使自己接下来再做重要的事的时候效率更高。

杨老师：那同学们说哪些是不重要的事呢？

同学：玩电脑。

杨老师：玩电脑不重要，要是玩电脑是为了学习也重要。你来说说，你觉得哪些？

同学：我想到一点，就是去吃饭路上的时间，可以尽量缩短。吃饭的话也可以根据自己的习惯，尽量减少一点时间。每个人都有自己的方式吧。

杨老师：他想到这一点，但是具体方法不知道。他就说路上这一段，比如说我从班级里下了课去饭堂路上这一段时间。你怎么办？

同学：我一般去食堂吃饭都是跑着去，回来的时候，吃完饭了自己再走回来，尽量节省往食堂去的那段时间，如果去的话可能排队也要浪费一点时间。

杨老师：这个也是很好，比如说我们可以错开这个时间，饭点比较拥挤的时候，我可以提前或推后一点去，是不是？然后在路上为了节省可以跑着去，回来的时候再走回来。

同学：我觉得有另一个思路，就是一些被我们所认为不重要的事，比如说走路的时候，我们可以将刚刚学的内容思考、回忆一下。再比如说他说玩电脑什么的，可是如果玩电脑时候与学习相关，我们也可以想一想，复习一下。

杨老师：这位同学给大家一个思路，就是说我们的思维方式不要总是一个方向，要发散一下，有可能会有更好的点子。你说说。

同学：我本来想的是，那些不重要的事，就是那些已经会了的事。那些我已经会的东西不需要再浪费时间在上面，我可以把那些时间用在我不会的事情上，那样可以提高自己。

杨老师：这个讲得好，就是说会的事情，这些题目已经会了，如果再做一遍的话就有可能是……

同学：有可能就是浪费时间。

杨老师：有可能浪费时间。但是你要理清楚哪些是你会的，哪些是不会的，你要分开它。还有吗？

同学：我觉得重要的事就是挨老师批评，可能我这个思路有点诡异，但是我真的只有挨了老师批评才可以知道自己哪里不好，我对自己也有一些不了解，我觉得老师可能还比我更了解我自己。我就觉得挨老师批评是很重要的。

杨老师：被老师批评也是一种幸福。对，

老师批评你是关注你，老师不管你不问才应该感到悲哀，不然你不知道方向是不是？就好比刚才鼓掌的时候我督促你，我说10、9，你就赶快。是不是？这也是一个想法。还有没有？

同学：我认为我们可以用并不重要的空闲时间来为我们重要的事情做准备，就比如每天上课之前费时间喝一杯咖啡，上课的时候我就不犯困。

杨老师：他是为了重要的事情做准备，也是很好的思路。还有没有呢？

同学：像一些自己已经掌握得很扎实的知识，如果老师让重复地做，一直重复，我觉得效果并不太好，老师布置的作业应该视自己的情况而定，应该有选择性地去完成。还有，他们都说吃饭的时候看书、跑着去饭堂等，我认为吃饭的时候就是很好的休息时间，因为这对我们的身体也比较重要，考试前冲刺还可以，但是如果每天都是这样的话，身心都会比较疲劳，对自己学习的效率也有一定的不良影响。

杨老师：有不同的看法。好，接着你来说。

同学：我觉得这并没有什么，因为我们去的时候是跑的，回来的时候是走的。而且跑步也是一种放松。

笔记栏

★重点介绍时间
管理方法
——时间四象限
理论
时间管理四象限法
则，是由著名管理
学家史蒂芬·柯维
提出的一个时间管
理理论。

杨老师：看，又有不同的看法了吧。那也就是说各种方式是根据自己不同的情况，因人而异。对不对？好，那么我们讨论到现在大家大致都有方向，知道我们需要先做重要的事情，然后把一些不是很重要，或者闲暇娱乐的事放到后面做，这样才能更好地提高我们的学习效率，使我们高效产出，提高成绩，是不是？那么我给大家介绍几种专家研究出来的方法。大家看一下这个。这是一位名叫柯维的美国心理学家、管理学家研究出来的理论，叫时间四象限。时间四象限用重要性作横轴，紧迫程度作竖轴，把不同的事情划分到四个象限里面。非常重要、非常紧迫的在第一象限，比如说作业，马上要交作业了，不交作业老师就批我。还有马上要考试了，高考，是不是你必须得做。

同学们：是。

杨老师：第二象限是重要但不紧急。

同学：复习。

杨老师：复习、吃饭。

同学：看一本课外书。

杨老师：看一本课外书，这本课外书得看一下它是……

同学：有益的。

杨老师：对，有益的，或者是说丰富自己的人文情怀，积累自己的文化素养，是不是也很重要？

同学们：是。

杨老师：还有没有，重要不紧急的。刚才那位同学也说到，他说我不赞成吃饭的时候跑着去，跑着来，身体重要不重要？

同学们：重要。

杨老师：紧急不紧急？

同学们：不紧急。

杨老师：身体是重要的，但它不属于非常紧急的，它属于我们平时就要维护的，对不对？

同学们：对。

杨老师：刚才这位同学说吃饭，吃饭重要不重要？

同学们：重要。

杨老师：重要，但是它紧急吗，不是说我们马上就要去吃，但是到点就要去吃点，总不吃就身体不好。

同学们：对。

杨老师：还有一个，是重要但不紧急的。你光看到吃饭、睡觉，但有的同学，刚才她说的，记得是什么吗？

笔记栏

按照该法则，我们每天面对的纷繁复杂的事务，均可按照重要和紧急两个不同的维度进行衡量，基本上可以将事务分为四个象限：重要又紧急、重要但不紧急、不紧急也不重要、紧急但不重要。

笔记栏

把理论与实际的
学习联系起来。

同学：我忘了。

杨老师：她自己都忘了（笑）。你说。

同学：知识的系统化。

杨老师：对，你说我们做作业也好，或者是考试也好，其中有个最重要的，就是知识的系统性，这个系统性是不是你平时就要做，是你平时要维护的？

同学们：是。

杨老师：你怎么做的，把知识系统化。

同学：列表格。

杨老师：还有吗？

同学：不知道。

杨老师：他迷茫了，你怎么做？

同学：我一般就是做规划。

杨老师：做规划。

同学：一章一章的。

杨老师：一章一章的，根据课文的目录，是不是？你呢？

同学：根据学习资料上的，都有一些系统的一些图表和思维导图。

杨老师：他用思维导图，这位同学是用扫地雷形式，一排一排全扫进去，这种方式是不是很好？你呢，你想起来没有？

同学：我觉得不一定非得花时间自己去整理，应该翻一下课本，然后在自己的大脑中形成一个思维导图，先形成一个大的结构，做题的时候你再去细化这一方面的不足。

杨老师：很好。人的图片记忆比文字记忆要强，所以图片记忆是比较牢固的。第二个象限，不重要但是紧急。

同学：上厕所急。

杨老师：你说的让老师们都笑了。第三个象限是既不重要也不紧急。

同学们：玩游戏，看电视。

杨老师：还有吗？

同学们：看小说。

杨老师：还有吗？

同学们：看电视。

杨老师：当然了，其实你说玩游戏、看电视，是一种休闲的方式，它是不重要不紧急的，并不等于说我们不需要，有的时候我们可以用这种形式来放松一下。但是如果是过度了，就是时间过长了，或者是压缩了你其他的时间，那就不行了，是不是？好的，第一象限重要而且比较紧急的事情，处理的方法是什么？

同学们：立即去做。

杨老师：立即去做，马上去做，一刻都不要停，一刻都不要耽误，对不对？考试你要不要去？

同学们：要。

杨老师：作业你要不要交？

同学们：要。

杨老师：上课要不要听讲？

同学们：要。

杨老师：一刻不能停，赶快去，跑过去，是不是？

同学们：是。

杨老师：第四象限，重要但不紧急的。你要怎么样？

同学们：要规划。

杨老师：对，这位同学说了，要有规划。比如说我一周规划一次，学完之后要把哪些知识梳理一下，用思维导图，或者目录。还有一个月、一天要怎么样，也要规划。所以要集中精力处理，这个方法就是按计划进行。有没有中途说今天别做了吧，明天再做吧这种情况？

同学们：有。

杨老师：对，人人都有，包括老师在内。但是我们自己不断地调整，要完成规划。比如说今天我的计划做错了，或者说今天这个计划没完成，我本来计划的是今天要看完一章书，结果没做。那怎么办呢，赶快再重新补上，或者重新再开始，是不是？第二象限，紧急但不重要的，对，可以交给别人去做。

同学：上厕所。

杨老师：上厕所必须得亲自去，吃饭也必须亲自吃，这没办法强求。但是其他的事情可以适当放权，比如说可以让同学替代。不过作业不行吧，考试不行吧。第三象限是不紧急也不重要的，比如说娱乐和休闲，我们可以尽量地少做，或者尽量不做。我们来看一下几个例子，这是一个公司职员一周的规划，第一个紧急的，汇报会议。第二个是报表数据要分析，还有上司给她打电话。打电话不接的话会被炒鱿鱼了是不是，工作都没了。重要且紧急的，这是她自己列的。然后，重要但是不紧急的，她想提升自己，比如说学习绘画。另外，买化妆品和衣服，也很重要，因为她也希望……

同学：注意形象。

杨老师：对，注意形象。还有，给父母打电话，重要不重要？

同学们：重要。

杨老师：重要。刚才有位同学说买化妆品和衣服不重要，男孩子都是这样，男孩子说买化妆品干啥，不用买（笑）。然后是部门春游，也很重要，强化同事之间的关系密切，对不对？

同学：对。

杨老师：也不能说我天天只工作、学习，谁见了我，谁跟我打招呼我都不搭理他，那你生活在这个公司、班级里行吗？

同学们：不行。

杨老师：对，肯定不行，因为同学之间还可以相互沟通，相互帮助，得相互借鉴。还有一个是学习经济学，也是想提升自己能力的，提升自己能力的事情是不是重要的？我想问你们，除了学习之外还有什么是可以提升自己能力的？你有什么？

同学：多读书。

杨老师：喜欢什么样的书？

同学：什么都可以看啊。

杨老师：他说什么都可以看，那还是没计划。就是你想提升自己技能方面的，你想做什么？

同学：练字。

杨老师：练字。还有吗？

同学：学习乐器。

杨老师：爱好音乐的小伙子，学习乐器，对啊，对你来说也是很重要的一条。

同学：计算机。

杨老师：计算机。还有吗？你呢？

同学：进行一些课外活动吧。

杨老师：课外活动。你呢？

同学：看一些名著。

杨老师：看名著，很好，陶冶情操，使自己的文化水平更高。这些都是不错的，你们还要规划好，比如说看名著，我今年能不能看一本，或者是假期中我能不能看一本。下面一个，紧急不重要的。比如处理驾驶罚单，你说不重要吧，它也很紧急，那怎么办呢，我可以拜托其他人帮忙吗？再比如说非本职的会议，我是不是可以选择不参加？然后购买生活必需品，很紧急，但不是很重要的，我可以抽空去，或者问别人"要是买什么东西帮我捎一点来好不好？"最后一个，就是不重要也不紧急的。看热播的电视剧，还有保险公司的电话。

同学：保险公司电话如果一直拖着，有可能哪一天你出事还没有保险。

杨老师：对，他说到这一点，如果是给自己买人身保险当然是不能拖，也有可能是推销

笔记栏

保险的电话，那就无所谓了。再往下看，高三学生一天要做的事。一共有6件事，你来给他规划一下，哪些是重要的，哪些是不重要的，把它们归到四象限里。在自己的本子上画一个四象限。横轴是重要性，竖轴是紧迫程度，画好两个轴就有了四个象限，第一是重要又紧急，第二是不重要但紧急，第三是不紧急也不重要，第四是重要但不紧急。把这6件事填到上面。

案例讨论：重要不重要、紧急不紧急的划分因人而异。

同学：首先我觉得这6件事每一件都特别的重要，然后就是再分紧急程度，我个人看法是第5件事是最紧急的，给妈妈打电话告诉她上次的考试成绩。因为我觉得给父母一个心理预期，是作为儿子最应该做的，就是最重要的事，让她安心。

杨老师：孝顺儿子。

同学：第4件我觉得也很紧急，外地来的同学一定要去接他。然后不是很紧急的就是，第一件，同学中午邀请过生日，可以拖一拖，以准备一下。第二件，复习明天要考试的科目，这个可以慢慢来，不用太着急。

同学们：明天要考试。

同学：虽然明天要考试，但是把今天的时间分段之后，不用太紧急。越到考前越紧急的

说明
↓
讨论
↓
案例实操
↓
分享

话，你就越紧张。第3件，参加下午第八节课的篮球比赛，其实这个我也不知道怎么说，我觉得很重要，但是我不可能去参加，所以我觉得它不紧急。然后是帮一位同学交请假条，我们平时也有这种情况，一般来说，请假条只要今天交上去就行，不用非得他给了你就赶紧去交。

杨老师：那让你排序的话呢？

同学：排序的话应该先是5，然后是4，1，2，6，3。

杨老师：那如果要按时间来做的话。

同学：按时间来做的话，首先还是，反正有时间就先去给妈妈打电话。

杨老师：这个有时间限制，按时间来说的话，你是第一时间吗？

同学：第一时间。然后是下午去接……不对，既然下午4点去接朋友的话，中午去和同学过生日之后下午4点去接朋友过来，接朋友之前，这中间的时间都可以复习。再然后下午参加第八节课，很晚了，参加完篮球比赛之后，病假条晚上抽个空给老师就行。

杨老师：也就是说他这6件事没有取舍，全要做，是不是？

同学：全要做的，当天事当天毕。

杨老师：好，先掌声鼓励一下。不管他的规划跟你的有什么区别，但是那是他的想法。哪位同学还想分享一下？

同学：我有不同的意见。首先根据实际情况，这个第5是不可能的，因为我们的家长比我们先知道成绩。我感觉最重要的是第2和第4，首先考试成绩会关系我们未来很长一段时间的心情，还有第3，篮球比赛是团体性的，关乎一个集体的荣誉，还有尊严。我感觉这两件是最重要的，其次就是剩下那些事，像那些重要但不紧急的事情，我觉得里面没有，都很紧急。

杨老师：好，这是他的想法。

同学：就我个人来说，首先，我比较倾向于第5，因为我是比较依赖我妈妈的，明天如果要考试，我今天晚上就特别想给她打个电话，缓解缓解我的紧张心情。其次，我觉得明天要考试，别人就算告诉你来不及，难道你就不努力了吗？所以我觉得应该第二个做复习明天要考试的科目，能拿一分是一分。我是女生，我也不会打篮球，参加篮球比赛我就直接不做了。同学中午邀请过生日，中午反正也是要吃饭的，那就去好了。

杨老师：顺便吃饭了是不是，不过这个时

间你要把握一下，也不能过长。

同学：不是说是中午吗？控制一个时间段，不能影响我对其他重要事情的安排。第 4 件事是接同学，在车站的是外地的同学，如果我不去接他，他迷路了怎么办。所以我觉得这个还是比较紧急的，但是也不是太重要的，你可以跟他约定一个时间，让他在哪里等着你。第 6 个，上交同学的病假条，比如说跑操的病假条，你必须要在跑操的时候就交。所以我觉得这个也是不重要的，但是比较紧急的事情。

杨老师：给她掌声。这没有什么对错，因为是你根据自己的实际情况来规划的。好的，因为时间的关系，下面还有一些例子我就不再让大家发表意见了。但是有几个时间管理的方法推荐给大家。第一个是叫番茄工作法，比较简单，它是弗朗西斯科·西里洛于 1992 年创立的。选择一个待完成的任务，将番茄时间设为 25 分钟，专注地工作，中途不允许做任何和该任务无关的事情。比如说我要背英语，这 25 分钟就背英语，非常专注，不允许有其他干扰。直到这 25 分钟结束，我们可以进行短暂的两三分钟的休息，5 分钟也可以。然后再进行下一个 25 分钟，下一个 25 分钟可以继续是英语，也可以是语文，或

笔记栏

★ 介绍其他的时间管理法
1. 番茄工作法
2. 6 点工作法
3. 莫法特休息法

者数学。然后每4个番茄时间后多休息一会儿，休息十几二十分钟或者半个小时都可以。

第二个是6点工作法。这也是很有名的，我觉得这个方法我特别受益。每天我列一下今天要办的6件重要的事情，从第一件开始我全力以赴去做，做完第一件就做第二件，第三件，第四件……那么一天结束我要审视一下我的六件事是不是全做完了。这是一个非常好的方法。

第三个是莫法特休息法，这个方法很奇特，可以用到我们自习的时候。例如有三张桌子，第一张摆着他正在翻译的《圣经》，第二张摆的是他的一篇论文的原稿，第三张是他正在写的一篇侦探小说。当他休息的时候，先做这个桌子上的，翻译《圣经》。翻译一段时间他就到第二张桌子上去写论文。再过一段时间写侦探小说。

这是一种休息方法，这种方法周恩来总理曾经用过，他用这种方法来读书、学习，用不长的时间做一件事，轮流着做就相当于休息了。关于时间的管理方法其实还有很多，我在这里就不再跟大家啰唆了，大家有兴趣可以找找课外资料。今天跟大家在一起沟通和分享了这么多，也希望能给大家一些启发，大家有一些收获和启发吗？

同学们：有。

杨老师：谢谢同学们！那么今天的课程就到这里了，大家把椅子归位吧。

同学们：老师再见！

三、课后督导

（本节课由韦志中老师进行督导）

（一）优点

1.导师放开，不拘谨

"时间管理"体验式班会是杨老师演示的第二节课，相比"我的情绪我做主"这节课，我发现她放松了一些。她似乎跟中学生说话没有拘谨，而跟小学生说话时有种拿捏不准的感觉：重了不行，轻了也不是；说感性的不好，说道理也不好。

我想可能存在两个原因：第一个是她平时跟她儿子交流比较多，儿子当然现在已经是大学毕业了，不过最关键的是儿子在中学阶段跟她沟通得多；第二个是她本身就是一个经验丰富的教育管理者，有自己的一套时间管理方法、规划，再加上科学的理论，课程开展起来就不难了。

这就又涉及教师心理资本的问题了。导师的心理资本和课堂之间的关系到底是怎样的呢？我们发现，老师放开了，课堂动力就好了，说白了就是你对了大家都对了。老师对了，放轻松了，自己的情绪状态好，学生们也好像都愿意投入了。

2. 实例演示激发学生好奇心，探索要在学生最近发展区内[①] **进行**

"时间管理"课堂中，前面的20分钟杨老师没有正式提到主题，但一直在循序渐进、循循善诱，当老师拿出石头、沙子这些材料进行演示时，所有学生的好奇心都给激活了，这是课堂成功的方面。但我有一个担心，如果控制不好可能适得其反，怕有这样一个危险性：出现"卖狗皮膏药"的模式。学生不知道接下来要干什么，很好奇，一知道以后便一哄而散，不过如此，全忘光了。

幸好杨老师懂得抓住学生的最近发展区，使这节课顺利进行下来。学生原来的知识和他们想要探索的高度要正好在这个发展区内，如果不在这个发展区内，低了他觉得没意思，高了他就够不着。演示"装石子沙子"的活动恰恰在孩子们最近发展区的范围内，孩子们对它有认知的能力，也有兴趣，最终有所思考和收获。

（二）不足与优化建议

演示完"装石子沙子"之后，杨老师问同学们有什么感悟，大家都分享了很多也讲得很好，但总的来说大部分同学都是以"石头"为切入点，就是怎样安排先做重要的事情，怎样让时间更多地

---

① 维果斯基的"最近发展区理论"，认为学生的发展有两种水平：一种是学生的现有水平，指独立活动时所能达到的解决问题的水平；另一种是学生可能的发展水平，也就是通过教学所获得的潜力。两者之间的差异就是最近发展区。教学应着眼于学生的最近发展区，为学生提供带有难度的内容，调动学生的积极性，发挥其潜能，超越其最近发展区而达到下一发展阶段的水平，然后在此基础上进行下一个发展区的发展。

花在重要的事情上，等等，但我当时想到的是以"沙子"为切入点，因而写下"碎片化时间的利用决定了成功"这句话。所以我觉得老师应该把角度分析全面，让同学们有更多不同的启示。

（三）其他思考

1. 体验式技术的发展

近年来，我国对教育教学改革进行了很多探索，尤其在心理健康教育、道德教育方面的工作取得了快速发展。那么现在大家产生了一个误区：这些体验式课堂，小班教学、分组、动力管理，大家也都会啊。例如课堂上的"鼓掌"活动，学生以前就做过。这时有一个问题，就是在体验式教育改革、学校教育教学改革的过程中有没有分阶段，有没有分层次？目前全国的学校处在哪个层次上？

我观察到的是，我们还处在第一阶段。在第一阶段中，教育教学改革最核心的就是把学生学习的动机从被动变成主动。就是我们的改革不管是通过对老师的帮助，还是加强硬件的管理、教学技术的改进等方式，最后我们都指向一个点——让学生主动学习，把课堂变成主动的，而不是被动的，这是改革的第一阶段主要完成的任务。值得高兴的是，林州一中已经完成了第一阶段的目标，学生在课堂上都是积极主动的。这时很多老师就会觉得我们已经具备这种优势了，就止步不前了，但深入思考：还有没有上升的空间？答案是肯定的。

第二阶段是课堂的优化。有人说："我看某某老师干了那么多年，带个课不也就那么回事吗？我也会啊。"不要自以为是地小看这门技术，"外行看热闹，内行看门道"，里面的门道多得很呢，也许光一个简单的伦理、原则你都没学扎实，你和他做出来的效果很可能就大相径庭。比如练武术，大家耍起来看着都差不多，只有被打的那个人才知道有没有内伤，有没有吐血。所以人人都在学习体验式技术的情况下，就得比较谁更优化、更完善了。例如你"知其然"，还能不能"知其所以然"，成为总结者。能将别人广传的技术、方法用得顺手以外，还能不能自己创新技术，成为研究者，并让你的东西为他人所用。

第三阶段是进入对全体老师和教育相关工作者的心理资本建设工作，教师、家长群体也可以开展体验式活动。教师的职业幸福感得到提升，才能更好地服务于教育，学生也会从中受益。

第四阶段，就是要达到整个人文、理论的升华，产生学术思想。

我们现在的大部分学校都只是停留在第一阶段，体验式技术的发展还需全体教育者的共同努力，希望大家不要自满也不要气馁。

2. 好的课堂要避免不深入

怎样的课堂才算是好课堂？有人认为，那个老师讲的课我都听不懂就不是好老师，他是在卖弄理论，没有把理论具体化、讲透彻的能力。这样的观点下就容易使教育者为了讨好学习者，把老师变成"卖鸡汤"的，都不深入去探索问题了。我们需要做普及，上的课都让学生听不懂，那也不是好老师。所以好课堂是"三位一体"的。

第一，课堂应该有三分之一的内容是让学生一听就明白的，

"我也是这样想的，这老师说得太棒了"，让人有种英雄所见略同的感觉。但是试想如果连续三天听一个老师讲的课都是你原本就理解的，你会有什么感觉？这老师的水平也不过如此嘛，对我没有很大的启发。第二，课堂还需有三分之一的内容是让学生一时听了感觉懵懵懂懂的，但是仔细琢磨，去问、去实践后，就明白了。如果他不讲你还真不知道，他讲了，你思考了，就会感叹："这个老师不错。"第三，还剩下的三分之一，是怎么想都不懂的，但经过若干年、若干实践之后，就会恍然大悟，"哎呀，当年错怪那个老师了"。

总的来说，这"三位一体"就是"嗯、哦、啊"。教育者对自己的课堂应该要有这个要求，既要有人文，也要有深度、有科学，才是真正做学问的人。例如我看勒温的《拓扑心理学原理》一书，虽然"拓扑"二字都认识，但念完一遍之后什么也不知道，这就是深化的理论。但这些晦涩的内容坚持啃下来，慢慢消化掉，我们的知识就会提升一个境界。就好比找对象的时候不要把长得难看的都排除掉，重要看外表下的人品。

3.教育者有"先下手为强"的权利

在体验式班会的一个讨论环节，我被这个班的学生感动了：这些孩子真是好孩子，为了节省时间用到重要事情上，愿意跑着去吃饭。他们是我们中华民族的希望，如果在学校教育中不破坏他们的自主性和创造性，老师再给他们加一些助力，这些孩子未来都能成为比我们更厉害的人。

我很珍惜我手里的"麦克风"，我可以影响学生有什么样的思想，等学生走入社会，甚至成为社会的管理者后，他们的思想已融入了我的一部分思想。所以，我要影响他们的思想必须是正确、有利于社会发展的。我们今天所做的事情，特别是心理健康教育这方面，就是为了几十年以后，我们有更好、更完美的社会管理和教育体制。

第三节　班会3：长大后我就成了你

一、背景介绍

（一）中学师生关系及其特点

师生关系，是为实现教育目标，学生在学校环境中与他们的教师之间所建立的认知、情感、行为等方面的联系。它是一种特殊的社会关系和人际关系，是教育活动中最基本、最重要的关系体系。教师作为学生学校生活中的重要他人，对学生的身心发展具有重要作用。

中学生身心发展处于特定的年龄阶段，主要表现为从童年期幼稚性向成人期成熟性过渡的发展特点，其人际关系也相应地具有一定的独特性。而且随着中学生的认知、情感和自我意识的迅速发展和成熟，中学生师生关系也表现出独特的结构、类型及发展趋势。研究表明，师生关系亲密性总体呈现随年级升高而下降的趋势，尤其在初中阶段非常明显；初二、高二是师生关系发展的特殊阶段，这两个年级的师生关系表现得更不亲密、更多冲突和更多疏远，这些不良现象都应引起关注。

（二）师生关系对中学生发展的影响

1. 对学生心理健康的影响

阳德华的调查表明，师生关系的消极情感与学生的焦虑之间呈显著正相关，而积极情感则与学生的焦虑情绪呈显著负相关。师生关系各维度与中学生的抑郁情绪有内在联系，其中，支持与帮助对初中生的抑郁有显著的缓解作用。张磊的研究也表明，师生关系与学生问题行为关系密切，尤其是冲突性与问题行为有显著负相关，依恋性与内化问题行为有显著正相关。

2. 对学生学校适应性的影响

邹泓的研究表明，学生的学校适应性与师生关系之间存在显著相关，师生关系良好的学生学校适应能力强，而师生关系不良的学生在学校适应上往往存在问题。刘万伦、沃建中对中学生的研究也表明：中学生学校适应性与师生关系之间存在显著正相关。师生关系是影响学生学校适应性的重要因素，其影响程度从大到小依次为：亲密性、主动性、合作性。

3. 对学生学业成绩的影响

大量的研究表明，师生关系对中学生的学业兴趣、课堂参与和学业成绩等都有很大影响。李春苗等指出，中学生主观地认为与科任老师的关系严重影响本学科的学习成绩与学习兴趣。有关研究表明，学生喜欢的教师与对该教师所教学科的喜欢程度密切相关，一致率达到95%以上，而学生对不满意的教师和对该教师所教课程的不喜欢程度的相关也达80%。董奇等、张磊的研究均表明中学生师生关系与学生的学业成绩存在显著相关。

4. 对学生人际关系的影响

研究发现，师生关系对亲子关系、同伴关系有很大影响，对儿童不良的亲子关系有一定的弥补作用，并影响其同伴交往的主动性、交往能力及社会地位等。刘万伦等的研究显示，冲突型师生关系与同伴拒绝、亲密型师生关系与同伴接纳、依赖型师生关系与同伴关系问题有密切联系。

5. 对学生自我概念的影响

魏运华的研究表明，满意的师生关系，教师对学生的支持、关心、鼓励、期望和参与等都有助于青少年自尊的发展。炼永文的研究表明，良好的师生关系，教师对学生的期望、理解及客观的评价，都可以提高学生的自信心，使他们采取适当的归因方式进行自我评价。

由此可以看出，师生关系对中学生的发展具有非常重要的作用，因此促进中学师生关系发展显得非常重要。

（三）改善中学师生关系的研究

现实的教育境域中，师生关系大多是在发挥着知识传输的功能，而忽略了其他的本体功能，比如交际功能、促进学生复合型发展等，渐渐使得师生关系变得冷漠与对立，教学中的"人情味"逐渐淡出。教育哲学理论中唯知识论到后现代知识论的转变，中国教育现实从应试教育到素质教育的转变，理论与现实的转变，需要师生关系相应地做出反应。

改善师生关系的重要性不言而喻，然而目前改善师生关系的研究较少，专门针对中学生的研究更是少之又少。张美峰对初中生问题行为教育干预的过程中，曾利用开设交往问题行为矫正训练课为主，个别咨询辅导为辅的方法对学生进行干预。通过"师生之间"等专题来帮助学生正确处理与教师的关系，结果显示，教育干预结束后学生的师生交往中存在的问题明显减少了。

作为人际关系的一部分，师生关系的干预可以从人际关系干预研究中得到一些借鉴。目前，从实验干预内容看，大多数研究者认为应该从认知、情感体验、行为训练三方面进行人际交往技能训练。

本次体验式班会正是在人际交往心理技术的基础上开展，旨在为建设以人为本、和谐、自由的生态型师生关系提供一些参考。

二、课堂实录

笔记栏

杨老师：大家下午好。（掌声）

谢谢同学们！我是杨老师，来自河南郑州。　**自我介绍。**
今天非常高兴和我们初三（1）班的同学在一起来分享我们下午的一堂主题班课——"长大后我就成了你"。

有科学家研究，一个人生活得幸福不幸福取决于什么？大家猜一猜。

同学：心态，他心里想的。

同学：他想幸福就幸福。

杨老师：你觉得是什么？

笔记栏

开场：人过得是
否幸福快乐取决
于人与人之间的
关系。从而引出
"师生关系"的
话题。

同学：我觉得他对生活的需要，他如果觉得他现在幸福他就幸福。

同学：心态好。

同学：我也是这么认为的，心态好。

杨老师：不过科学家研究出来的和大家想的有点不同，他们得出的结论是，人过得是否幸福快乐取决于人与人之间的关系。

这位同学非常认同是吧？对！人与人之间的关系会决定我们是否幸福和快乐。假如有一个良好的、融洽的、温暖的、有爱的关系的话，我们就会觉得自己生活在幸福和快乐之中。那一个人是否拥有良好的人际关系，也是我们每个人的心理能力。我们是否能够拥有良好的人际关系，需要一定的方法和技巧，大家认同吗？

同学：认同。

杨老师：我们是初中生，作为初中生遇到的更多的人与人的关系是什么？

同学：同学。

杨老师：对，同学关系，还有呢？

同学：师生关系。

杨老师：还有吗？

同学：父母。

杨老师：亲子关系，父母和孩子之间的关

系，还有没有？

好，大约也就是这三种。我们各位亲爱的同学，为了将来的发展以及能有好的职业选择，你们现在的主要任务是学习，积累文化知识。但除此之外，我们还有一门重要的技能要学，才能更顺利地发展，是什么呢？

同学：人际关系。

杨老师：对，太聪明了。大家想一想将来从初中到高中，从高中到大学，从大学到社会上去，要和各种各样的人打交道，而每个人的生活经历不同、性格不同，是不是？

同学：是。

杨老师：有的人外向热情，有的人害羞安静，有的人非常敏感，有的人大大咧咧。所以我们和不同的人打交道就要用不同的方式，才能使我们的人际关系更加和谐对不对？

同学：对。

杨老师：其实在学校里，我们和同学之间的关系，和老师之间的关系也是一种探索、一种磨合，最后形成了我们和他人相处的模式，是不是？那么师生关系重要不重要呢？

同学：重要。

杨老师：怎么重要呢？好好想想，谁来说说

笔记栏

讨论：师生关系的重要性。

师生关系怎么重要呢？

同学：影响我们的学习。

杨老师：对，还有没有？

同学：还有心情。

杨老师：我们平时也看到有一些同学和老师之间的关系非常紧张的时候，本来这门课成绩还不错，后来就由不喜欢这个老师导致了……

同学：不喜欢这门学科。

杨老师：对。还有的时候因为和老师的关系紧张得太厉害了，程度太深了，结果会造成一些误会甚至冲突，最后造成了休学等问题，会不会出现这种情况？

同学：会。

杨老师：虽然说这样的事情比较极端，发生的概率低，但是我们愿意看到它发生在我们身边甚至是我们身上吗？

同学：不愿意。

杨老师：都不愿意，是不是？

同学：是。

杨老师：我们同学都希望师生关系比较融洽、和谐，以促进我们的学习，提升我们的学习成绩。作为老师也同样，希望和同学们之间有一个融洽的关系，为什么呢？因为我们也希望把自己学到的知识教给同学们，我在工作中和大家关系比较好的时候也能够享受到工作给我带来的乐趣。这个孩子喜欢我，我好高兴；那个孩子这次成绩有进步是我的功劳，我心里感到非常快乐。所以师生关系对同学们和对老师们都是很重要的，对不对？

同学：对。

杨老师：我们班会的题目是"长大后我就成了你"。我先问一下同学们是怎么理解的？怎么想就怎么说，谁来说说？

同学：长大以后我就成了你，我也要像你们一样成为一个真正的人。

杨老师：有的同学笑，说"我们现在不就是人吗？长大之后才成人。"

同学：这个"人"指的是品德方面。

杨老师：对，非常好。是指一个真正品格高尚的人，对社会有价值的人，一个举足轻重的人。掌声给他。（掌声）

同学：我认为我们现在还处于在象牙塔中，我们未进入社会，没有经过社会的雕琢，而那些大人们他们已经在社会中很多年了，他们现在的模样就是社会未来可能把我们所雕琢成的模样，所以我觉得我们以后会被社会雕琢得像他们一

笔记栏

理解、澄清主题含义。

样。我也不知道该怎么表达，我觉得每一个人都是社会的产物，我们将来也会变得像如今的大人一样。

杨老师：听他说好有哲学意义，他确实也想到这一点，不过呢，刚才他说我们也是社会雕琢的产物，那是好事还是坏事呢？

同学：我认为这不是一件特别好的事。我想要的是能够改造社会，再让社会改造更多的人。

杨老师：厉害。掌声送给他，确实很有理想。我们并不是说长大后成了你就是一个模子，就一定是个套路，不是这个意思。而是说，我们现在还不成熟或者说还没有完全形成自己的世界观、人生观和价值观，希望经过向大人榜样学习，长大后也能成为一个改造社会、建设社会的栋梁。我刚才看到同学们稍稍有点紧张，大家放松一下。今天这个主题班会我有三点要求，看大家能不能做到，能做到大家点点头。

约定班会纪律。第一，大家在班会过程中要认真听讲，当然这点我觉得大家都做到了，不光是听我讲，等会儿还会让同学讲，都要认真听。第二，积极参与，当我提问或者进行活动的时候大家要积极参与，像刚才几位同学一样踊跃回答。第三，一定要用心去体验，当我们做活动、做调查的时候大家要思考自己当时内心走过的一种感受、脑子里出现了什么念头，好不好？

同学：好。

杨老师：好，那下面我们每位同学和身边的同学握个手，打个招呼说"你好"。

同学们：你好。

杨老师：下面我想做一个小测试，测试一下大家的师生关系怎么样，好不好？来，帮忙发一下吧。

同学：真实的还是假的？得不得分？

杨老师：当然是真实的。不得分，很关注分数（笑），你想得多少分？

同学：一般及格就行。

杨老师：及格就行，要求不高（笑）。这张表有正反两页。问题都比较简单。我看很多同学都已经写好了。这样吧，你们和左右两边的同学，3个人一组交流一下你自己写的内容。（留5分钟给同学们交流）好，同学们，我刚才观察了一下大家的讨论，很多同学有自己的看法，有很多不同的认为。有哪位同学想表达一下你对这个心理小测试的看法呢？或者是你的其他想法？你来说说。

笔记栏

同学：第二题说："老师总是偏心那些成绩好的同学，所以我一见他就烦。"原来我英语成绩比较好的，老师对我好我就感觉特别开心。但是最近我的成绩比较靠后，我就觉得有失宠的感觉，但是也没有一见就很烦，只是和老师有点没有话说了。

杨老师：以前成绩不错，老师总关注你，现在成绩有些下降，老师对你关注得少了是吧？你觉得应该怎么办呢？

同学：把成绩提上去。

杨老师：这是直接的，把成绩提上去，老师就会看到。那你这样说老师还只是看到成绩好的了。

同学：但是对于那些成绩特别不好的，老师也会单独找他们谈话什么的，把他们叫到办公室。

杨老师：把你喊到办公室对你单独进行教育，是不是？也是对你的关心。

同学：我也想说这个。他说无可指责，我确实是挺赞同的。因为我们自己做得不好，就没有理由怨老师对自己的态度不好。题目说老师只对成绩好的同学好，所以我一见他就烦。我觉得老师只对成绩好的同学好，我没有办法

通过小测试，让同学们表达自己对师生相处的看法。

更改他的决定，但是我可以改变我自己。我不赞成这种执教方式，但是我理解老师的做法，所以我不会抗议。

同学在发表观点时，导师可帮忙澄清或适当加入自己的方向指引。

杨老师：就是说你理解老师的做法。这位同学觉得老师看到成绩好的同学就高兴，看到成绩不好的同学就不怎么搭理，好像可以理解，想从自身找原因，但是老师这方面也要做调整。但是我觉得每位老师也都希望，差一点的同学成绩都好，好一点的同学的成绩更好，他内心装的人太多，不可能每时每刻都关注到。还有哪位同学愿意分享？

同学：我要分享的是讨论三。因为我是讨论三中的个别同学，我们的班主任也没有搭理过我，我真的很讨厌这种执教方法。所以说如果我是老师的话，我就会多加帮助和督促，我不会那样的。但是如果是第二种的话我会一直关注他，如果是第一种我就可以给他更好的学习计划，让他不受周边的影响，让他更好地改正自己的错误。

杨老师：你上课扰乱课堂秩序，老师耐心地帮助了你，批评了你，但是你没改，是不是？

同学：是。

杨老师：你认为他应该多加督促。

同学：因为我觉得我是很努力地在改，但老是改不过来。

杨老师：没改过来是吧？

同学：是。

杨老师：就是说你改的过程中的努力没有让老师看到是不是？或者说是效果还不明显。

同学：是。

杨老师：这里面也需要你和老师沟通，是不是？沟通的时候说我一直也在努力，还要让老师看到你在努力。非常好。

同学：我说的是第一个，因为我觉得老师有不对的地方，我不愿意理他。有一次，我们数学老师之前布置了一道题是让课下做的，然后我课下没有做。上课的时候他问谁会做，他以为我会，他让我上，我说我不会，结果老师说话特别难听，"他说你以为你是大明星还摆架子"，各种特别难听的话，当时就把我气得不行。后来别的同学都说"这道题特别简单，你上去吧"，我上去了之后因为脑子正发热，就没有做出来，老师说"你站到后面"，他说话真的是很气人，我站在后面就直接哭了。哭的声音还特别大，我觉得特别丢人。因为是冬季的校服，我就想把拉链拉到上面遮住自己，结果直接把拉链拉了下来，特别气，我就把校服摔了，数学老师看到了也没有说我。下课的时候好多人也来安慰我，但我还是特别气。我就想数学老师说话怎么这么难听，我就不想搭理他，后来的几节课我都不答理他。因为之前关系是很融洽的，我就想他肯定会找我谈的。后来我们班女生跑过来说"老师找你，你快去"，我就特别兴奋地去了。我本来是想着不理他的，我离老师很远的时候就说"老师你找我？"我们那次沟通得很好。数学老师后来对我挺好的，后来我也反思了一下，应该课下把那道题做了，那道题其实真的很简单。所以我觉得老师有不对的地方要体谅。他以为我是会的，只是不想上去，我觉得要体谅老师。

　　杨老师：我们掌声送给他，这位同学在处理老师和他的冲突的时候处理得特别好，是不是？有时老师也不一定能把话说得特别好，把事情做得特别圆满，他说的话激怒了你，但是过后老师也同样会主动找你的，最后你们有了很和谐的师生关系，祝贺你，请坐。这位同学处理师生之间的冲突的方式是不是值得我们学习？还有哪位同学分享呢？

　　同学：我觉得第五个不太对，因为老师可

能看到的只是表面，不一定对同学在校情况最了解。

杨老师：老师对在校的同学情况最了解，所以对同学的教诲切中要点，同学要虚心接受教诲和指示。你认为他不一定很了解你？

同学：对，他可能看到的只是表面。

杨老师：有故事吗，有实例吗？

同学：没有。老师会以为好同学的品德也很好，但是其实他背后也讲脏话，老师不知道而已。

杨老师：对，有可能，有的同学在老师面前表现得是很好，但还会有其他的表现。如果老师了解得不全面，那么这个时候怎么办呢？

同学：可以通过同学了解。

杨老师：可以通过第三个同学来了解。假如你想让老师更全面地了解你呢？

同学：我觉得和老师沟通是最好的。

杨老师：非常棒，请坐。和老师多沟通是最重要的，有些误会一沟通就好了，本来就不是什么大事。还有谁想分享？

同学：我想说的是第二个，因为老师可能对同学是一视同仁的，但是作为一个同学可能心里就会想，我成绩不好，我和老师说话的时候没有底气，没有像成绩好的时候和老师说话可以很放松，觉得我成绩也不错，可能和老师的关系比较近，成绩不好，和老师说话的时候就扭扭捏捏的，感觉自己对不起老师。对老师偏心的问题想得就比较多，就这样。

杨老师：你认为老师偏心是同学想多了。

同学：作为一个同学，尤其是成绩比较好的同学，他就会很在乎老师对他的看法。你一做错事就想老师会找你，说我做错什么了，老师现在看见我特别烦。我特别在乎老师，刚才也说了，我们也是住校生，两周才回一次家，所以和老师待的时间比父母还长，如果和老师的关系不能处理好的话，天天在学校生活真的是很烦的。

杨老师：特别不快乐，是不是？谢谢，请坐。看来同学们对师生关系处理都有一些自己的方法，有自己的感受。这个心理小测试题也有很多地方答案是不一致的，有的同学填的是"√"，有的同学填的是"×"。师生关系中有很多因素，老师有时有处理不当的地方，同学有时也有处理不当的地方。但是每位同学都希望得到老师的关注，都希望老师和同学之间的关系是融洽的，其实老师也一样。这些矛盾、这些问题有没有一些方法解决呢？我们来做一

笔记栏

★游戏——
解开千千结
作用：
1.引导学生感悟到不管事情多么复杂，总有解决问题的办法。
2.使学生体会到当一个环节出现问题时，可以从全局的角度出发去解决它。
相关讨论：
（1）在开始时，你们是否觉得思路混乱？
（2）当解开一点后，你们的想法是否会改变？
（3）在这个过程中你们学到了什么？
注意事项：
强调最重要的规则是不允许松开手，否则算犯规。

个活动，大家先来体验一下，好不好？

同学：好。

杨老师：这个体验我想先找几个同学给大家示范一下。请9位同学到中间来。自告奋勇。这个活动叫"心有千千结"。大家手拉手围成一个圈。靠近一点，记住你左边和右边的同学。等一会儿我说开始的时候你们就放开手，随意走动起来，不要按顺序，一定要错乱地走，好吗？我喊停的时候要停下来，然后左手去拉你原来左边同学的手，右手拉你原来右边同学的手，好不好？然后把它解成最初的形状。解的时候拉着同学的手不能放开，明白了吗？

同学：死结怎么办？

杨老师：想办法。就看看你们小团队怎么样。外圈的同学不是光看他们活动、光看热闹，而是要动脑筋想想这个活动能告诉我们什么。

同学：我们没听清规则。

杨老师：你看一遍就会了，一会儿让你也体验。我再说一遍，每个人记住你左边和右边的同学，一会儿手松开在场中随意走动起来，到我喊停的时候，你左手去拉左边同学的手，右手去拉右边同学的手，这时候会是交错的，交错之后要把它解开，解成现在这样一个圆圈，解的过程中手不能松开，明白了吗？手放下，开始走起来。一定要乱走。好，停，互相拉手。脚不能动，不能钻过去。是不是乱了？现在想办法解开它。手不能松开，脚可以跨。（活动进行中……）

同学们：哇！

杨老师：掌声给他们，太棒了。我访问一下你们几个，刚开始是不是特别疑惑？

同学：是。

杨老师：后来是怎么解开的呢？

同学：钻的。一个一个地来，有顺序地来，先把相邻着的两个人依次解开，不要乱。团结互助。

杨老师：这只是9个同学，人越多的话这个结就越乱，越乱更需要解开，而且更有意思，更有挑战性。把凳子往后放，把其他东西都放在凳子上。拉成一个大圈，我们现在把场中的37位同学分成两组。同学与同学之间的关系还解决不好的话，怎么解决师生之间的关系呢？从这位同学开始1、2、1、2地报数，然后报1的同学组成一个圈，报2的同学组成一个圈，好不好？（报数）

杨老师：好的，1到这边围成一个圈，2到

那边围成一个圈子。人靠着人，稍等一会儿，都不要说话。下面，记住你左边的同学是谁，右边是谁，千万不要记错了，一记错就坏了。1圈同学记住了吗？

同学：记住了。

杨老师：2圈同学记住了吗？

同学：记住了。

杨老师：好，手松开，我们在场地中走起来。等会儿我喊停的时候就不能走了。走起来。好，停！不要动，不要动，左手去拉你左边同学的手，右手去拉你右边同学的手，对。不要动！好，开始解，看哪个组先解开。手不要松开！（活动进行中……）好，1圈的同学先解开了，掌声送给你们。（掌声）

杨老师：太棒了！高兴吗？

同学：高兴。

杨老师：再来一次吗？

同学：全部的人在一起吧！

杨老师：哇，你们愿意这样挑战？

同学：愿意！

杨老师：好，来一次！这可是一个大的工程。手拉手，不用太远，人靠人，往里面一点。好，看一下你左边的人和右边的人。

同学：记住了。

杨老师：好，手松开，走起来。好，停！大家脚不要动，手赶紧拉上，有的同学还没有拉上呢！好，开始解。手一定不能松开。（活动进行中……）好，亲爱的同学们什么感受啊？

同学：好玩。

杨老师：你们太棒了！大家往中间来。这可不仅仅是一个游戏，大家要契合今天的主题，想想看。人与人之间的关系是错综复杂的，但是总会解开的，包括同学之间的关系，老师和同学的关系，你要相信一定能够解开，一定是有办法解开的，对不对？

同学：对。

杨老师：用什么样的办法是因人而异的，还需要自己去探索、磨合，对不对？

同学：对。

杨老师：好，希望同学们在以后的学习生活中，和老师、同学和谐相处，好不好？今天的课程有收获吗？

同学：有！

杨老师：把掌声送给所有的同学！今天的课程就到这里，谢谢同学们！

同学：谢谢老师！

总结：
经过体验、引导思考，揭示游戏的用意：人与人之间的关系错综复杂，但想要解开它是有办法的，处理好同学、师生关系并不难。

三、课后讨论

韦志中老师与林州一中的 6 位老师作为主要旁听员与评委，坐在内圈，就杨老师的"长大后我就成了你"这节主题班会课展开讨论，还有另外 26 位老师坐在外圈参与。

（一）A 老师观点

杨老师的课大气、灵活、流畅，也达到了它的目的——让学生体验到：所有的问题都是有方法可以解开的。从学生的讨论中，也能看出他们对处理人际关系方面是有很多体会并不断升华的。

（二）B 老师观点

1. 学生的表现

同学们的课堂表现值得表扬，除了能够根据老师的引导顺利地完成很多活动外，在很多时候他们都表现得积极踊跃，并分享了不同的观点，最后还给自己加了一个高难度的任务，而且通过团结协作快速解开，令我惊喜。

2. 资源的利用及场的把控能力

课堂是在老师预备下进行的，但过程中又会生成许多东西。作为老师，我们既希望学生能自主生成一些有益的东西，同时又害怕缺乏控场的能力。

本节课中，学生的出色表现超出了我对他们的期待，例如能做出"真正的人""象牙塔里""没有被社会雕琢"等回答，还问了"得不得分""真的还是假的"这样的问题，但这实际上也给这节课增加了很多不确定性。我设想当时站在场上的带领老师是自己，就感到有压力，我该怎样回应学生呢？

杨老师就处理得很好，她懂得利用资源去把场控制住。例如男生和女生因害羞不敢主动拉手时，杨老师帮他们化解尴尬。这令我感到要努力学习和提升自己的心理资本。

（三）C 老师观点

我是带着学习的态度来对这节课进行观察的，所以我选取了导师的心理资本层面作为切入点进行述说，也就是杨老师带课时的闪光点体现在哪里。

1. 有亲和力

杨老师在正式开课前会和学生进行一些日常话题的交流，师生关系一下子就拉近了，有利于课堂上孩子们的自然表现。小测试环节有学生提问"得不得分？"这就说明学生在老师面前没有压力，自然放松的状态下展现了学生真实的一面，想问就毫不犹豫地问了，而杨老师也给予了他亲切的回应，这种轻松的师生关系是教育取得成功的保障。

2. 尊重

杨老师备课时没有想到学生最后会主动要求全班同学围成大圈来完成"千千结"的活动，这是学生在兴奋的状态中对自己提出来一个挑战性的做法，但是杨老师对学生的要求是尊重的。不管时间够不够，也不管自己设计的流程怎么样，学生要求的如果是合情理的就尊重。学生得到老师肯定的时候，投入的状态是非常好的，活动也取得了效果的最大化。

（四）D 老师观点

我觉得杨老师这节课非常成功，有很多值得我学习的地方：

1. 课堂动力均衡

杨老师针对师生关系展开了一系列的活动，例如给孩子发测试题，做完后让他们分享感受。后面进行"心有千千结"游戏，从 9 个人的示范到两个大组再到全班的活动，这样的流程设计使个人、小组、全体之间都进行了互动，达到课堂动力的均衡化，非常棒。同时令我高兴的是，我发现每个孩子都是解决问题的高手。

2. 老师的"三位一体"

在整个课堂中，我观察到杨老师不仅把她的知识循循善诱地传授给学生，还能对孩子的分享给予肯定、鼓励与强化，更能对孩子出现的一些问题及时给予指正、补充与建议，这就是"时而在前（带领），时而在后（辅助），时而在孩子的左右（陪伴）"，做到了老师的"三位一体"。

3. 过程的"三位一体"

显而易见，杨老师的课前面有讲解，中间有分享和体验，最后让学生领悟：明白问题是可以化解的、人与人之间的矛盾是可以回归和谐的。

（五）E 老师观点

杨老师很懂得课堂维护，使整个课程进行得非常流畅、非常走心、非常在状态。

1. 感动

我在孩子们离场时注意到有一个女生主动地和杨老师拥抱了，

我想这个温暖的行为背后肯定是因为这节课感动了她，并且使她得到了满满的收获，我也有同样的感觉。

2. 真诚

杨老师从容、亲切的姿态和语气，加上不时地与学生交流沟通，拉近了她与学生的距离。尤其是那位被老师误会的女生令我印象深刻，能够非常真实地表达自己的激动，证明她完全信任杨老师。

3. 积极

孩子们在表达不同的理解和想法之后，杨老师都会及时进行引导，将学生的观点、思考引向积极面。此外，尽量照顾到每一个孩子的情绪和反应，例如做游戏示范时，告诉没有被选上的孩子并不是无事可做，思考也是很重要的任务。

（六）F 老师观点

我发现杨老师的心理资本非常强大。

1. 自信

面对学生不同的观点，杨老师能给予适当的回应，使其不偏离方向；面对课堂上大大小小的意外，杨老师能迎刃而解。例如做小测试的时候，测试纸不够，杨老师马上解决：让两个同学共看一张，把答案写在自己本子上就好。

2. 正能量

杨老师毫不吝啬自己的鼓励与表扬，经常能听到她对学生的夸奖："你的字写得特别清秀。""你的想法真有创意。"……让孩子们得到呵护、肯定，整节课下来孩子们思维的火花都竞相绽放。当学生问"真的还是假的？"证明现实生活中，很多孩子真的是不敢说真话，让我们有一个非常深刻的反思：我们的教育中，是让孩子们说了真话还是假话呢？而杨老师很肯定地说："当然说真话。"然后孩子们敞开心扉，把他们的真实感受都表达出来了。这就是韦老师说的"表达即疗愈"吧。

（七）关于班会题目的争论

A 老师：杨老师这节课叫"长大后我就成了你"，但我觉得题目和内容不太匹配，如果换成"心有千千结终有一解"或者其他与人际关系联系紧密的标题会更好。

D 老师：我不是这样认为的。我记得有人过问一位世界级成功人士"为什么你能取得今天这么大的成功？"他说了三句话，这三句话都是谈及人际关系的，所以人际关系非常重要。我认为"长大后我就成了你"是一个象征，这个"你"是升华的，它的层次和内涵很多，比如可以理解为高尚的人、国家的建设性人才等。要成为那个"你"就离不开人际关系。而对于我们的学生来说，他们最主要的关系之一就是师生关系。

F 老师：我刚开始看到课题也有点疑惑，是让孩子们长大后成为老师的意思吗？但经过孩子们说出自己的理解后，我就明白了，"长大后我就成了你"就是长大后成为想要成为的那个人，那个令他尊敬、崇拜的人。每个孩子都有他的独特见解，我觉得解题这个环节杨老师设计得非常好。

（八）关于优化建议的争论

A 老师：（1）课堂的温度在逐渐上升时，杨老师突然插入课堂的三点要求，其实没有必要，因为学生已经投入。

（2）可以省去课堂小测试环节，这样结尾就能收得更好。

D 老师：（1）在课程中可以穿插一些背景音乐来渲染气氛，比如"心有千千结"游戏过程中应该把《长大后就成了你》这首歌放出来。

（2）课程前面部分做个小小的导入会更好。比如，契合"长大后我就成了你"这个题目，可以从"孩子们是怎么样长大的？除了生理上的变化，还有心理上的成长"方面切入。

E 老师：（1）这节课我们有录制，为了日后看课学员的方便，小测试环节的测试内容应该放到大屏幕上，不然学生分享部分可能让人感觉不清楚。

（2）课堂时间宝贵，"心有千千结"游戏第二次分组时可以给孩子们一个选择：你们是想要分成两大组进行体验，还是全班一起来一次体验？因为第一轮孩子们已经知道规则了。我觉得大部分的孩子是会去选择挑战更有难度的那一个，这样的话也达到了目的，同时可能也节省了一些时间。

（3）因为主题是处理师生关系，我们也做了"千千结"游戏，可能孩子们在过程中也有很多的体会和感悟想要去表达。所以如果从游戏中节省出一些时间，就可以针对具体的处理师生关系的方法，在最后加上讨论环节。

F 老师：（1）这节课的开场，通过提问"幸福和快乐由什么决定的？"很直接地说出了主题是"人际关系"，但我觉得有点仓促，可以举几个例子，把"人际关系"切入得更自然些、更能融入孩子们的生活中。

（2）结尾处我也有一点思考：前面的讲解到位了，体验也到位了，那最后的领悟呢？之前杨老师也说：做活动的时候，并不是只来活动、热闹的。后面是不是该让孩子们说一说：你从这个活动中想到了什么？这个活动告诉你什么？如果从他们的嘴里说出来了，我觉得孩子们真的是领悟了。

B老师：（1）E老师建议游戏分组给学生两种选择，可我感觉分成两组解开"千千结"本身就有难度，如果直接分成一组，把难度一下子加上去，要是够不着的话，很难返回来。这实际上是最近发展区，要恰到好处才好。

（2）给课堂留白。平时老师们喜欢追求课堂的完美、喜欢拖堂，理由是"我开始准备了那么多，我不给它讲完我心里难受啊！"对于这节班会课，很多老师也都给出了课堂的优化建议，比如在游戏后应该再来一个分享讨论才完整。我想，就这样以高潮结束不好吗？我们一直在追求课堂的完美，但是我们发现有些东西不是我们希望的。所以我想，我们是不是该勇敢地去追求一些不完美，就是给课堂留白、给学生留下自由探索的空间，可能是一种更好的方式。

（九）韦志中老师的总结

1. 对杨老师老师的肯定

我在2011年就认识了杨老师，她本来就是一个学校的校长，这么多年过来，她一直愿意放下身份，像普通老师那样去学习、带课，而且带的课可圈可点，确实值得为她点赞！最后孩子们喊出的"谢谢老师"也证明了这一点，那一刻我确确实实感受到了学生今天是发自内心地觉得开心，"心有千千结"这个活动是很成功的。

2. 现有评课模式的问题与改进建议

今天我选了6位老师与我一起听课，并让他们作为我评委身份的"分身"，能看得更全面些。

在体验式课堂中，有三个基本的心理技术、能力是老师们必须掌握的。第一，是描述的能力，即观察，客观地反映；第二，此时此地的能力，就是能够抓住当下的资源；第三，会心的能力，我站在你面前，你也站在我面前，彼此之间的连接是如流水一般的。这三个能力都是人本主义和存在主义思想下的心理技术。

观察是最基础的能力，但经过一轮的评价，我觉得评委们的能力有待提高。评课的主要功能是研讨，只说"很好""好""不好"是不行的，重要的是客观描述、摆出现象、表明观点。研讨的目的就是优化，所以评课应该把重点放在优化这一块，而不是说说对这节课的看法。学校、单位里的评课模式很容易出现这种状况，不客观描述，不深入探讨，评课就没有价值和意义了。当然，大家的激动心情是可以理解的。

我认为评课要从8个维度去思考：

（1）教师心理资本。即老师的人格品质、心理素质，具体来说就是老师在课堂上是否真诚、是否亲和、是否放得开，还有是否自信、乐观、情绪稳定等。这个怎么表现出来呢？可以把它分成几个小类来观察：老师在课堂中的语言、积极行为、有没有慌张焦虑的表现等。

（2）课堂动力。课堂动力是从整个课堂来看的。比如温度，如果在10℃的时候让人"脱马甲"那是不可能的，必须要把温度调到30℃。大家看到课堂最后，游戏令孩子们兴奋起来，结束后发自内心地喊出"谢谢老师"，其实就是温度升高了，学生们自然而然地就投入了。再比如均衡性，是不是每个孩子都受益了？小组之间、小组和个人、个人和班级、班级和小组之间的交流是否到位了？所以课堂的温度以及均衡，它不算在教师的心理资本方面，而是属于课堂动力、控场方面。这个"场"是能感受到的，如舒不舒服、流不流畅。

（3）过程的"三位一体"。即讲解、体验和分享。讲解部分你要观察的就是老师有没有知识、有没有"料"。讲解部分是你能看到他会不会讲，他有没有把自己知道的全部说出来，还是留一部分让学生之后去体验、去分享。体验部分就要看安排的活动是否有趣、有意义，是否能带动学生的积极性，是否能让课堂升温等。分享部分主要观察学生是否投入、真实、积极，老师是怎样给予回应的，遇到冷场时老师是怎样化解的，等等。都可以一一分析。

（4）角色的"三位一体"。老师应时而在前，时而在后，时而在左右。注意这不仅仅是在空间的前后左右。它和最近发展区相关联，比如说我相信学生可以自己去实现，就不需要在前带领，在后面辅助就好。

（5）教育效果的最大化。就是看这堂课有没有达到要求、教育目标有没有实现。课堂一片热闹，可到头来课标没有实现，或没有实现得那么好，也不是一节好课。可以结合方案设计来实现其最大化。

（6）方案设计。方案是为目标服务的，可以提前预设好，中途遇到意外也可以自发变换、请求支援，但是一定不能脱离目标。

（7）技术的匹配。比如说，这个技术操作起来有没有科学性，科学性就是不违背一些科学的常识和原理，以及它的有趣性，学生爱不爱听。还有它符不符合伦理和教育目标匹不匹配，教育技术，重要的是要有教育性。

（8）其他维度。可以自由发挥，比如观察老师的仪表、仪态，或者一些综合的东西。

如果能做到从这8个维度来评课，减少主观性、个人态度性的评价，慢慢转变后大家就能变成研讨型的老师了，评课也变得更全面、深入，这种进步是质的飞跃。如果觉得太多了顾不来，那你可以专门挑一个方面观察就好。比如这节课你主要观察它的动力怎么样，下节课你主要观察教师的心理资本。或者老师们可以分工合作。

3. 成长

刚刚 B 老师说的"给课堂留白"的观点我很赞同，也引发了我对"成长"的思考。成长肯定不是转圈圈。转圈圈是在同一平面上的，而成长是螺旋式的，就是转完一圈后要上升。如果追求完美，没有留白，没有切入点，没有入口，就上不去。所以往往出毛病的人才容易成长就是这个意思。

我们的心理成长也是这样，就像陈一香（韦志中心理学网校系主任之一）经常说的："要把你从舒适区里拽出来。"成长确实不太容易，人有一种本能，就是不让别人发现自己的问题，所以我们总是将自己保护起来，但有时就变成了作茧自缚。那怎么打开这个茧呢？就像那句话：鸡蛋，从内打开是生命，从外打开是食物。所以只有自己从里面打开才可以，别人帮你敲了，可能就敲坏了。你会发现，越是成功的人，越是有作为的人，最后都是内部成长。其实我们老师也一样，面对的是学生，让学生帮你成长太难了，所以只有寻求内部更新。怎么更新？就是在做的过程中给自己留犯错的机会。

四、附1：课堂小测试

在你觉得正确的说法后面打"√"，错误的后面打"×"。

1.因为老师有不对的地方，所以我不愿理他。（ ）

2.老师总是偏心，只对那些成绩好的同学好，所以我一见他就烦。（ ）

3.老师对我们如此严格挑剔，真讨厌！（ ）

4.老师辛苦执教，学生要关心体贴老师。（ ）

5.老师对学生在校情况最了解，所以对学生的教诲切中要点，学生要虚心地听取老师的教诲和指示。（ ）

五、附2：讨论思考

讨论一：一位同学在你的课堂上东张西望，不注意听讲，你作为老师怎么想？你希望这位学生怎么做？

讨论二：你跟对方说话，他爱理不理的，你会喜欢这个人吗？

讨论三：个别学生上课扰乱课堂纪律，任课老师耐心地帮助和批评，这位同学表示要改过，后来：

1.他没有改变原来的做法。

2.这位同学改掉了他在课堂上捣乱的坏毛病。

讨论：你作为老师，对以上两种情况有何想法、感受？

参考文献

[1] 龙宝新.教学共生体中的师生关系内涵与重建 [J].河南师范大学学报（哲学社会科学版），2016（5）：38-40.

[2] 汪茂华.师生关系与学业成绩的关系：学习自信心的中介作用 [J].上海教育科研，2015（7）：15-18.

[3] 阴山燕，张大均，余林.我国中学师生关系研究述评 [J].宁波大学学报（教育科学版），2008，30（2）：79-83.

[4] 邹泓，屈智勇，叶苑.中小学生的师生关系与其学校适应 [J].心理发展与教育，2007，23（4）：77-82.

[5] 姚计海，唐丹.中学生师生关系的结构、类型及其发展特点 [J].心理与行为研究，2005，3（4）：275-280.

第四节　班会 4：青春之路我选择

一、背景介绍

（一）中学生异性交往与恋爱

由于心理和生理的发育，青春期的孩子体验到了从未有过的成人感和对异性的兴趣。以往的研究表明，良好的异性关系可以促进青少年的同一感发展，促使其形成清晰的自我知觉；可以促进青少年友谊的发展，为其在将来能够获得成熟的恋爱关系打下基础；可以促进青少年的心理健康；还有助于青少年的社会性发展，增进社会交往的技巧和能力。从年龄上来看，学生的整个中学时代都要在青春期中度过，因而，对于中学生来说，建立良好的异性交往关系至关重要。

然而现实不容乐观，目前仍然有很多人对中学生异性交往的认识存在偏差，大多数人将中学生的异性交往与"早恋"混为一谈，社会各界把关注的焦点仅仅放在对中学生"早恋"的预防和管制上。对中学生异性交往的常态和不交往状态很少关注，且往往忽视了中学生正常异性交往的重要性。

《心理学大辞典》对交往的解释为：由共同的活动需要所产生的复杂和多方面的建立、发展接触的过程。这一过程包括信息交流、相互作用统一战略的制定、对别人的知觉和理解。青少年异性交往作为人际适应与发展的一个重要方面，具体表现为能够处理与异性交往对象的关系，掌握交往的规范和交往媒体，发展交往技能，消除交往的矛盾和障碍，缓解交往压力等。

什么是早恋？它是一个本土概念，我国把未成年（不满18周岁）的一对男女之间较为固定的、一对一的过于亲密的感情和行为，称为"早恋"。它几乎成了不正常、不良学生的代名词。因为害怕学生出现"早恋"，家长和老师往往把任何男女之间的亲密关系和行为当成"早恋"加以干预。21世纪以来，随着社会发展，"早恋"这一概念的负面影响日益暴露出来，于是有人呼吁慎提"早恋"，主张用"中学生恋爱"来代替"早恋"这一概念。

其实，随着性成熟的到来，性冲动、性吸引、性好奇甚至性幻想都会接踵而来，这是无法避免的规律。所以，中学生恋爱现象的出现是正常和自然的，其中发展较成熟的人出现与成人相似的爱情也是正常和自然的，而且从人生经历来看，这段时期的爱情较之其他时期的爱情更少功利性，更加纯洁。我们不能在孩子蹒跚学步的时候，因为怕孩子跌倒而剥夺孩子两条腿走路的权利，对于中学生恋爱也同样应该如此，况且一直以来成人们放大了它的负面影响却忽视了它的积极影响。

（二）中学生的异性交往和爱情需要健康教育引导

1. 缺乏正确引导可能导致中学生异性交往出现的问题

（1）交友观不正确。部分青少年以异性朋友多为荣，借以炫耀能力，互相攀比。或者为了达到自己的私欲，在择友时注重时尚和势利，以"讲义气""出手大方""漂亮""有钱"等为择友标准。

（2）爱情错觉。有的青少年因受到对方言谈举止的迷惑，或自己的各种主观体验的影响而错误地涉入爱河，或因自以为某个异性对自己有意而产生"被爱"的错觉，并因此感到困扰。

（3）拒绝异性交往与异性交往困难。拒绝异性交往并不是因为这些青少年违背异性相吸的自然法则，而是由于他们以往的生活经历造成了对异性的偏见。异性交往困难大多是由于个性心理障碍所致。这都可能使这些青少年厌恶、回避、拒绝乃至仇视异性。

2. 缺乏正确引导可能导致中学生恋爱出现的问题

（1）中学生学业任务十分繁重，一旦陷入恋爱，时间、精力往往难以分配合理，甚至部分高中生缺乏理想志向或是意志力薄弱，玩"爱"丧志。

（2）爱情不可能是一帆风顺的，肯定会有波折，对于情绪、情感很不稳定的中学生来说更是如此，例如来自父母、老师的压力或两个人的小吵小闹都会严重影响中学生的心情。

（3）性知识缺乏情况下容易做出越轨行为，造成无法挽回的伤害，如早孕、犯罪。

综上，中学生异性交往和恋爱是生理、心理发展的自然产物，但由于中学生的知识有待普及、观念还不成熟，容易出现诸多问题，所以对中学生异性交往和恋爱方面进行教育引导是非常有必要的。

（三）学校对中学生的异性交往及恋爱教育的现状有待提高

学校作为教育的主要场所，对中学生的异性交往及恋爱教育有着不可推卸的责任。然而，教育改革到今天，并没有带来多少可喜的变化，多数学校仍然将重点放在教书而非育人上。学校只关注学生的分数，对于教师的考核也只体现在所教学生的成绩上，因此，更多的教师也只是将精力放在学生的学习成绩上，却忽视了应有的素质教育、健康教育。即使有些学校顺应教育改革的要求，所开展的活动也大多流于形式、内容枯燥乏味。性教育就更不用说了，就连生物课上有关男女生殖的章节老师也尽量避讳，根本没有给学生说清楚来龙去脉。家长对此不管不问，学校教师又对此避而不谈，中学生只好自己去各种"大众传媒"中寻找答案，然而审视我们周边这些令人担忧的"大众传媒"，中学生很难接收到正确有效的信息，等到出现了问题又责怪孩子不学好。

青少年的心理健康和情感体验是亟待我们关注并重视的。本次体验式班会以"异性交往"为主题，以开放、真诚、有趣为要求，正面和学生谈谈青春期男女生情窦初开的那些事。

二、课堂实录

笔记栏

李老师：亲爱的同学们，大家下午好！

同学：老师好！

李老师：欢迎大家走进今天的体验式心理主题班会，我是今天的带领老师李老师。开始之前，我们先来体验一个小活动，这个活动的名字叫"我们都是好朋友"。我简单说一下规则：

简单地开场、自我介绍。

1. 一会儿请大家放下手中的本子和笔，在这个场内随意地、自由地走动。

2. 我会提出问题，例如"2+2"，大家齐

笔记栏

★暖场活动：
我们都是好朋友
作用：
1. 活跃气氛
2. 契合主题

声说出答案，然后迅速地 4 个人组合在一起、拥抱在一起，大声喊出一句话："我们都是好朋友"。听明白了吗？好，咱们开始吧。咱们在这个场内随意地、自由地走动，感受我们这个场。

同学：（随意地走动）

李老师：5+3？

同学：8。

李老师：组合成功了吗？多了快点散出来啊！这边成功了！喊！

同学：我们成功了！我们都是好朋友！

李老师：这边呢？够了吗？

同学：够了。

李老师：多出来的，谁是最后一个进来的，来，到前面来，你们那呢？

同学：够了。

李老师：几个啊？赶紧。你们要喊的一句话啊？

同学：8。

李老师：再让我听一次。

同学：我们都是好朋友。

李老师：好，两组同学组合成功。这有一个落单的。但是你们其实是组合不成功的，是不是？多出来谁？好，请到前面来。你们这呢？几个？多了几个？

同学：多了两个。

李老师：多了两个。谁是最后组合进来的？请到前头来。你们两个是落单的，他们两个是主动站出来的，是吧？好，现在你们每个人说一句话，这句话要努力赢得现场男生的掌声。就一句话的机会。你们也是的，你们要说一句话，赢得现场所有女生的掌声。

同学：我先说。

李老师：好的。

同学1：在座的各位男生，你们都特别帅！

李老师：掌声呢？

同学1：掌声呢？

同学2：（鼓掌）

同学1：难道你们都觉得自己不帅吗？

同学3：不帅！

李老师：好了，这个时候你看，站在一起的两个人给出了两种态度。他呢，鼓掌那就是自认为最帅，是吧？这个男生呢，我觉得是咱们班最真实的！好，来，你接着来。不要有压力，换一个想法，努力赢得他们的掌声。其实没有那么难。来，说出来试试。

笔记栏

同学4：（思考良久）你们这次都考得很好。

李老师：掌声呢？

同学：好（鼓掌，笑）。

李老师：到你们了。

同学5：我先来吧。

李老师：看来已经准备得很充分了。女生们，你们要准备好哦。

同学5：女生们我想对你们说"不鼓掌的都找不到男朋友"。

同学：（鼓掌，大笑）

李老师：这句话，太狠了。你来。

同学6：他把我的词抢了，我没词了。

李老师：只给你5秒钟时间，倒数5个数。

同学：5、4、3、2、1。

李老师：好，好，好。大家请迅速地回到自己原来的位置。看来啊，上场那四个同学当中，还是男生说的话比女生说的话狠，是吧？这是第一轮较量。（待同学坐好）好，青春是一首诗，一首耐人寻味的诗。青春是一支歌，一支激情澎湃的歌。青春是一幅画，一幅色彩斑斓的画。画中有你、有我、有大家，当然还可能有一份无处安放的情感和一个异性的 TA。今天在这样一个课堂上，花样的年华，懵懵懂

引入
↓
明确主题
↓
课堂要求
↓
案例讨论

懂的心灵，让我们一起来思考，如何处置这份
超脱友谊的情感。今天在这儿，就"异性交往"
这个主题，我希望我们在座的每一位同学都能
够畅所欲言，尽情地表达，跟着感觉走，说出
自己最真实的想法。好，这将会是一节怎样触
动心灵的班会呢？老师非常期待大家的表现。

　　我这儿现在有一个困惑的男生，他的名字叫
小东，我们一起来看一看。

　　小青和小东是同班同学，同为班干部。一
次学校运动会，老师把组织运动会的重任交给
了他们俩。因为他们配合默契，班里取得了很
好的成绩。自此以后，他俩的接触就多了起来，
小东没事就爱和小青贫两句，眼神也一直不自
觉地往小青处看，并且最近很困扰，总是魂不
守舍。他觉得自己喜欢上小青了。他在犹豫：
要不要向小青表白呢？

　　现在我请支持小东表白的站在这一列
（右），不支持小东表白的站在这一列（左）。
来，放下手中的本子，迅速。（同学站队
中……）站好了，是吧？你在徘徊，就站到前
面来吧！往前来一点，好。看来大家刚才在选择
Yes 还是 No 的过程中，几乎没有犹豫，是吧？

　　同学：是。

笔记栏

分组。

笔记栏

确认，并给予学生改变选择的机会。

李老师：我现在再给大家 30 秒钟的思考时间，你真的坚持你刚才的选择吗？

同学：坚持。

李老师：不用回答我，思考 30 秒钟。好，思考过后，现在有没有要改变的？可以改变哦。没有了，是吧？

同学：没有。

李老师：好，现在咱们支持这队围成一个圆，搬着自己的凳子。不支持这队也围成一个圆。根据人数把这个圆要往外扩一扩。这沓纸大家传一下，人手一张。大家在经过自己认真的思考，进行了选择之后，我请大家顺着刚才的选择，用你自己喜欢的方式，列出表白或者不表白之后，可能出现的几种情况、他们俩的心理变化以及可能对他们的学习生活出现的影响，都可以尽情地写。图文并茂，你喜欢画你就画，你擅长写你就写。（留 10 分钟给同学思考并写下）写完的同学可以给我一个手势示意一下，没有写完的可以继续写。先来听听这位同学，他当时选择 Yes 的理由。来，你先来给大家分享一下。

同学 3：反正我是这么想的，这种狭窄的生活环境所导致的这种狭窄的世界，已经决定这种感情只要一经开始，它就是无法控制的了。

我们就是在这种封闭的学校环境里面，难道还能改变这种感情吗？不管它是否成功、是否表白，还有以后的情况会是怎么样的，它都有同样的结果，这种感情的基础是极为不稳的。只要有一种更强大的外力来影响，它就会被摧毁。那么我们应该让他们自己去亲身体会，不管是怎样的恋爱，只要经过恋爱，他们的心就会变得自私与狭隘，这是相较于学习生活来说更为严重的东西。所以说，我们应该让他去表白，让他们自己去体会一下的话，这也是一件好事。

笔记栏

李老师：让他去表白……我怎么听着有点自相矛盾？然后一定会怎么样了，表白之后？

澄清学生想表达的观点。

同学：放弃。

李老师：是不是？我没理解错吧？

同学：没有。

同学 7：我来。我跟你持相同的观点，但是持不同的看法。我认为小东应该向小青表白，喜欢就应该大声说出来。青春嘛，毕竟是一场美丽的相遇，这是很文雅的说法。而且我认为如果小东向小青表白之后，他们两个人都会时刻关注对方：对方在想什么？对方在干什么？同时，他们也会因为对方的关注，而不断找寻最好的自己，就是不断提升自己，不断把自己做到最好。这是我觉得他表白，会有一点好处。而且如果小东向小青表白后，他内心的情感就会得到寄托。两个人的心走到一起，那么他们可能是互相学习、共同进步，而不一定非得像说，在狭窄的学校环境中就不能恋爱，恋爱并不一定会影响学习。所以说我认为他的观点就是太绝对。还有，我认为，小东向小青表白后，他们就可能会恋爱，他们就会同时找到一个可以依赖的人。学校生活总是丰富多彩的，可能会遇到各种各样的内心矛盾，当你这个内心矛盾无法解决的时候，可以向他倾诉，这未尝不是一种好处。而且，喜欢一个人并没有错，只要你自己去学会寻找更好的自己，或者说更关注别人的感受，这种恋爱也是可以的，异性交往可以让我们懂得如何更好地照顾他人，也可以让我们懂得，学习生活中也有美好的存在，而不是说只有枯燥的学习。我的观点就是这样。

李老师：好。我先插一句，这是同一个 Yes 队的两个不同的声音，对吧？但是我在这儿需要跟大家说明一下，我们今天在这不是辩论赛，每一个人都有选择的权利、选择的自由。同时我希望大家都要学会互相尊重，真实地把自己的想法表达出来就好。好，接着说。

说明并强调。

同学3：咱们两个的意思其实是一样的，我没说它对学习有坏处，我说的是对心理的影响。我没说对学习有害。

李老师：好，我看这儿有个举手想发言的。

同学8：老师，我是针对刚才同学所说的进行一点辩驳。

李老师：不是辩驳，表达一下你的看法。

同学8：哦，表达一下我的看法。我认为刚才他说的："因为我们在学校的时候学习压力比较大，表白了之后，他们就可以互相倾诉压力。"但是我认为，是否就可以把这种恋爱关系当作在学习生活中压力的一种释放，把这一种关系当作他学习中的代偿。就是，根本上他追求的是一种比较轻松愉悦的心情，只是他现在受到压力，他需要一个途径进行释放，所以他就选择了表白。其实方法有很多，我认为不一定非得选这种。再者，假如他毕业之后，不再有这个压力了，是否还会始终如一地跟着她？我认为这就是一种不负责任的表现，他根本没有与对方结婚的意愿，那是在玩弄对方的感情，对不对？

然后我认为，爱美之心，人皆有之。女孩子长得好看，就多看她几眼，这不是也很正常嘛。

笔记栏

学生站在自己的
立场发表看法，
体验式教育就这
样在不知不觉中
进行着。

根据我的经验，亲身体验，作为同学时代的我，这种好感是很正常的。其实随着时间的推移，我就发现了，刚开始看她很好看，其实看的时间长了，也就习惯了，也就没什么了。所以，我们应该理性点。同学之间如果好好相处的，平常就大大方方地过去打个招呼"嘿！同学，你好！"要是表白了以后，假如对方不愿意交往，然后每次见你心里都很忐忑："呀！他是不是又要跟我表白啊！"不敢跟你说话，看见你扭头就走。你看原来多好的同学关系，就被一个简简单单的表白所破坏了。所以我认为这种关系，这种表白是根本没有必要的。

而且我们现在只是高中，我们才度过了人生短短的时间，再说我们生活在这样一个狭窄的环境中，就跟刚才这位同学说的，见的人少，其实我觉得见的人多了，眼界开阔了也就习惯了。也许在这个学校你是年级第一，你在这个学校长得是最好看的，可你能说你是全国第一吗？在全国是长得最好看的吗？我们总会遇到那些长得更好看的人，那么我觉得现阶段的表白，你看上的也许是她的某个方面，也许未来你走得更远了，会看到更好的人，看到更好的方面。人都有一种选择，我们会选择好的。好，这是我的观点。

李老师：侃侃而谈，他说得也很全。你有要补充的吗？

同学7：我还是觉得我说的比他俩有道理。我认为他说的有一定道理，但是也不能以偏概全。他说喜欢一个人，就会因为向她表白之后，两个人相见不愉快，我觉得这只是特殊情况。让我说完。他说的是对方不接受的情况，如果对方接受的话，那么就又是另一番天地，就是这两个人会像刚才我说的，相互依赖，相互促进。所以说恋爱或表白并没有错，错的只是追求她的方式。因为在校阶段，我们都应该是以学习为中心，这个中心不能变，是以恋爱来辅助学习，而并不是他说的那样。还有一点就是他说长大以后，不会再跟着她。我觉得现在他所喜欢的对象和以后他所追求的对象，肯定不是一个等级的。就是现在我们认知范围有限，接触的范围也有限。所以说他只能在这个范围内，找到他认为适合自己的，他认为有好感的。但是如果以后走进社会，走进更高的层次，他会变成更好的自己，同时也会找到一个更好的她。

李老师：我们把话筒换一个人，我怎么觉得越来越有点像辩论赛的意思了！扭转一下，扭转一下。

　　同学9：我来。

　　李老师：先让她说吧。好，来听听你的。

　　同学10：谢谢这位男生把这个机会让给我，我希望表达一下我个人的看法。我个人认为表白大体分为两种情况，就是小青拒绝和小青答应。小青如果拒绝，两个人肯定内心都有一些波动，导致他们成绩有一定的下降。小青如果答应，两个人在一起，也分为两种情况，第一种情况是两个人就像刚才那个男生说的，相互帮助，生活上也帮助，所以这是一种好的表现。但是他们两个也有可能天天打嘴官司，发现对方的不好，然后天天指正。虽然这一定程度上来说是促进他变好，但是他实际上是把自己不舒服的那种心情都埋到心里。所以我认为表白，好的概率是三分之一，不好的概率是三分之二。如果是不表白的话，小青有知道或不知道两种情况。如果不知道的话，小东可以现在不表白，等到大学再表白。这种想法也许可以使小东更加努力，所以这是一种好的情况。但是如果小东不努力，整天做白日梦，这是一种不好的情况。如果小青知道，可以装作不知道，天天就是避着小东，这样确实可以不打嘴皮子，但他们两个人连接触的可能性都没有。所以小东就渐渐地觉得人家在避让他，他也不好意思天天往人家身边凑，最后他们两个就分开了，形同陌路。所以这种情况是不会太影响成绩和生活的。第二种情况是小青知道以后，就向小东告知这种心情是不对的，开导他，然后他们两个继续做好朋友，但是没有这些感情上的矛盾。所以综合来说，不表白的话好的概率是二分之一，不好的概率也是二分之一。根据表白和不表白，我还是更倾向于不表白。

李老师：好，这位女生，大家可以看一下（向同学们展示），她把表白和不表白可能出现的各种情况，都列得非常清楚，刚才也表达得非常清晰，而且好结果的概率分别是多少来着？

同学：三分之一和二分之一。

李老师：好，刚才这个男生。

同学9：其实我觉得吧，他们都在说表白之后的结果。首先我是赞成表白的，我们可不可以先暂时抛开结果？小东现在非常喜欢小青，内心很焦虑、煎熬，他不知道应该怎样表达，到底是表白还是不表白呢？这时候他肯定是没有办法再认真学习的，这对他也是一种伤害。所以我觉得，不管最后他是被拒绝了或者是被接受了，他首先应该说出来自己的爱意。都在说这个表白之后的结果，那我也谈一谈我的观点吧。就是假如小东被拒绝了，那他肯定会把心思更多地放在学习上，这固然是好事。但是如果他被接受了，那么有些人可能会说，这是非常影响学习的，其实我觉得并不是这样的。因为就像刚才说的，我们高中阶段重要的还是学习，如果他不表白，他自己的内心煎熬、内心崩溃，可能连学都不想上了，是不是？更别谈学习了。但是他表白之后，他能发现自己内心的那种对她的喜欢，即使被拒绝了也没有关系，是吧？人生很漫长，不能单从被拒绝或者被接受的方面来看问题。

李老师：好，这是他的观点。我们给他点掌声。

同学1：我的观点分成了8种情况，这是我根据生活中我见到的一些事情，和从新闻上见到的一些事情列出的。有一些条理不顺，我先给你们念一下。第一个是他说他魂不守舍，魂不守舍肯定对学习不好，那就应该先表白，这样才让自己不后悔，青春嘛。第二个是小青答应之后，两个人相互促进学习，双双发展得非常好，走入了同一所大学。我校有过一个事例，大家知道

吧？有一个男生他考上了清华，有一个女生觉得
这个男生学习好，非常仰慕他，于是拼命地、努
力地学习考上了北大，这个是一个很好的事例。
第三个是被拒绝后，小东伤心欲绝，结束了自己
的生命。这个概率非常小。因为他是刚刚喜欢上
的，没有喜欢那么长的时间，所以说这种概率非
常小。第四个是被拒绝后两个人互不来往，同学
关系不和谐，这个也是刚刚有同学提到的。第五
个是被拒绝后，小东再无心思学习，走上辍学的
道路。我身边就有这样一个事例。第六个是在接
受之后，小东和小青坠入了爱河，每天都很亲
密，没有心思学习。这个也是不好的。第七个是
小东被拒绝后，决定要赢得小青的欢心，更加勤
奋努力学习。我觉得这个情况的概率是非常非常
大的。因为到高中的时候，大家都是同学，都是
非常有自尊心的。他为了自己的自尊心，当然要
更加努力，赢得对方的欢心。第八个是小东被拒
绝，经过小青的劝说，两人还像从前一样，同学
关系没有什么大的变化，也还是好朋友。在我说
的 8 个方面中，有 4 个方面是不好的，有 4 个方
面是好的。在不好的 4 个方面中，有 3 个概率是
非常非常小的，只有一个概率非常大。而好的这
几个方面，概率都非常大。所以说我认为他应该

表白，表白应该是有利的。

李老师：好，我看到了她在这张纸上也写得满满的。她刚才说的 8 种情况，4 个是她认为是好的，4 个是认为不好的，而且她认为好的出现的概率特别的大，是吧？所以你是态度非常坚决地选择支持是吧？好，来。她是图文并茂的。

同学 11：我认为你们都在说小东的情况。小青作为班干部，肯定会在被表白之后，担心自己的学习成绩会被影响，或者说承受不了别人的闲言碎语，于是她会选择拒绝。此时，小东内心的焦虑也会得到一个结果，他们之间的关系就会朝另一个方向发展，只是友谊。渐渐地他们各自都会端正交往动机，心地坦诚，自然大方地进行交往，关系也就会变得健康文明起来。这是一个好的结局。

李老师：来，让大家欣赏一下你图文并茂的回答。能把他俩的对话跟大家说一下吗？

同学 11：小东说："小青，虽然你拒绝了我，但我认为我们可以做好朋友，并且你让我的内心焦虑得到了放松。"

小青说："小东，我们一直都是好朋友，并且永远都是。"

李老师：好，掌声送给她。先让你说还是

他说？

同学 3：我。

李老师：那给你两句话的机会。

同学 3：你们探究的都是表白对内心的影响，而不是它的本质。不要研究形式的东西了，结束吧。

李老师：好。这也是他此时此刻的真实看法，是吧。好，来。

同学 12：我觉得吧，因为心有邪，所以心才有愧。

李老师：我觉得她画得非常好（展示）。

同学：（鼓掌）

同学 12：因为我们已经听过太多的情况，我就想说一个很久以后的结果。如果你不表白，几年之后你的同学聚会，你见到她只能说，"你好"或者"最近过得怎么样"。但是如果表白的话，就会有两个结果，一种是几年以后你们两个成双成对地出现在同学聚会，高谈你们在高校里面特别快乐的生活，每天出入图书馆，互相促进，写很多论文。还有一种就是我们不愿意提起的最后还是分开了。但是我们说实话，之后见到她，我还是希望能说出来的话是"你过得好不好？"其实就是说：没有我，你过得好

笔记栏

不好？而不是说：你好，你最近过得怎么样——就是一种很陌生的感觉。毕竟他是我心里曾经在乎过的那个人。刚才有同学说，向他引导一下，这个感情是不对的。我觉得感情没有什么不对的，因为如果它真的是不对的话，我们就没有必要来讨论该不该表白了。因为不能说它正确或者不正确，但是它确实存在了，而且我们要正视它，希望我不要每天揣测她是怎么想的，所以我想告诉她我是怎么想的，就这样。

李老师：好。我看到大家刚才分享的都非常真诚、非常丰富。时间关系，我请大家起立，在这个场内选择一位你愿意分享的人，两个人分享一下彼此的看法。（留5分钟给同学自由交流）好，都把自己的观点和看法表达过了吗？

同学：表达过了。

李老师：来，找凳子坐下。刚才大家在梳理和表达的过程中，确实都让我感受到了大家的真诚。有的同学把自己的观点写了满满一大张，还有的同学可能觉得尽管写了一大张，依然没有表达完自己的想法和看法。大家即将走向成人，那么你们的青春之路就应该是由你们自己来选择的。无论你们选择支持或者不支持，我都尊重大家的选择。到这儿，大家想不想听听我的看法呢？

尾声：
总结、升华。

同学：想。

李老师：其实我是想起了一个故事，这个故事是一对父子之间的对话。

儿子是一个高中生，有一天他对爸爸说："爸爸，我喜欢上了我们班一个女生，我要向她表白，我会和她结婚。"爸爸看了他一分钟，非常严肃地跟他说："你确定？"儿子低下了头说："我确定"。这个时候，爸爸语重心长地对他说："儿子，不是爸爸古董、封建，你想想看，如果一个男人没有经济基础，不能为他的爱人提供必要的物质保障，假如你是这个女生，你会怎么看待这样的男人？儿子，我告诉你，我一直认为，一个男人如果没有一份赚钱的工作，他不能自食其力，哪怕他40岁甚至50岁都不配谈恋爱，谈了就是早恋。相反，只要他立业、挣钱养家，哪怕他15岁恋爱，也不算早恋。"

我看了这个故事之后，非常有感触，希望它也能带给大家一些启示。在我们人生路上，就像大家说的，会遇见很多美好的人或事，那么经过大家今天这堂课一起的分享和讨论，我希望大家记住：你的青春你做主，你的选择你负责。好，大家起立，咱们今天的这节体验班会就到这儿，下课。

笔记栏

用故事来表达自己的观点，并给予学生启示，也留给学生自己思考、感悟的空间。

重申主旨、观点。

同学：老师再见。

三、课后讨论

（本节课主要由韦志中老师进行督导，过程中老师们对一些问题展开讨论）

（一）优点

在课堂中很多情况可以看出来，李老师是一个力量型导师。

1. 开场紧凑，过渡顺利

从自我介绍到游戏再到案例，只用了短短 10 分钟，对比杨老师的开场，显得干净利落，这样就能够把大部分时间留给重头戏——讨论，说明李老师的基本功扎实、控场能力强。由活跃的游戏转向感性的案例时，李老师的声音控制得很好，由原来高亢清脆的声音转向温婉舒缓，用诗意的排比句"青春是一首诗，一首耐人寻味的诗……"将学生带入情境和主题，非常自然。

2. 适当地干预

游戏中，台上第二位女生要说出赢得男生掌声的一句话时卡壳了，全班沉默了 1 分钟，此时，李老师不慌不忙又温柔地引导："不要有压力，换一个想法，说出来试试。"最后尽管女生的话不出众，全班同学也鼓起了掌，顺利地化解了尴尬。分享观点时，李老师及时发现了有变成"辩论赛"的倾向，并两次向同学们矫正：今天不是辩论赛，大家要相互尊重，只发表自己的真实想法。得以"化干戈为玉帛"，并使其他同学有更多的发言机会，让多彩的观点竞相迸发。

3.敢于挑战难课题

"异性交往"的课题是一块硬骨头，但李老师不让自己限于舒适区，选择了这个课题来展示，并且整个设计方案、活动形式流畅而丰满，也很好地调动了学生的积极性。

（二）不足与优化建议

1.没有充分利用现场资源

课堂上可利用的"外援"有很多，中国性学会会员、在《广州日报》爱情心理学专栏连写三年文章的专家韦志中老师就是一个很好的资源，包括杨老师、正在谈恋爱的21岁年轻助教也都是可以好好利用的，例如最简单的形式：让他们给学生分享一下经验、心得，也会拓宽孩子们的眼界和思维。

2.将自己"交出去"，学生在分享、讨论过程中导师可适当"加料"

我发现学生在发表观点这一环节，李老师似乎一直站在边上，只是听学生表达，而没有将自己也融入讨论。我认为这个过程应是"加料"的好机会，"料"是什么呢？可以是主料，可以是辅料，也可以是调料。主料就是导师的态度、情感、观点、理论，辅料就是对学生观点的评价和分析，还可以加上幽默风趣等调料。这样不时地将这节课的价值观潜移默化地传授给学生，到结尾"你的青春你做主，你的选择你负责"的观点就不会显得仓促和突兀了。

另外，讨论的后半部分有个升级转场会更好，因为学生在"是否表白"层面已经讨论得差不多了，导师此时应引导到更深层的认知教育上去：表白和不表白，其实不是最重要的，最重要的是你表白完之后怎么样？结果你是否能接受？不然一直停留在表面，导师也不把自己"交给团体"，后面的讨论就像在"和稀泥"。

（三）其他思考

1.第三种选择

在本节课中，导师让学生做出"支持小东表白"和"不支持小东表白"的选择，令在旁听的我想起我一位老师常说的三句话：第一句是"还有第三种可能"；第二句是"不见得是坏事"；第三句是"不要非黑即白，不要非对即错"。这三句话让我受益终身。所以当时我就在想，能不能让学生还有第三种选择呢？很多人一直讲求中庸，其实也是多元价值观的体现，避免产生偏激。恰好今天的课堂上我注意到一个男生有着偏激的倾向，需要受到关注。

2.《关雎》是最好的爱情教育范本

孔子之所以把《关雎》选为《诗经》的首篇，是因为爱是人之常情。《关雎》用浅显易懂的语言，描绘了男子对女子的追求，到最后缔结婚姻的全过程，其中蕴含着丰富的爱情智慧。它告诉我们，科学的恋爱分为四个阶段：首先要身心成熟，其次要相思相恋，再次要恋爱相伴，最后才是谈婚论嫁。

虽然《关雎》是被选为中学语文课文并要求背诵的经典，但课堂上老师未必会带领学生细细品味它个中的爱情智慧，其实这种既美又高的爱情正是培养青少年正确爱情观的范本，在体验式班会课上导师可以对语文课上的缺失进行补充。

（四）关于结尾故事的讨论

韦志中：对于父亲的观点——"一个男人如果没有一份赚钱的工作，他不能自食其力，哪怕他40岁甚至50岁都不配谈恋爱，谈了就是早恋。相反，只要他立业、挣钱养家，哪怕他15岁恋爱，也不算早恋"。大家是否赞成呢？我们也分成 YES 和 NO 两组来讨论一下吧。

（赞成）A 老师：我还是比较传统地认为：男人应有赚钱养家的能力。男人是家里的顶梁柱，如果他没有赚钱的能力，可能就不能使妻子感到安心，孩子也不能享受到安稳的生活和良好的教育。此外，还应有责任心，不然也靠不住。

（反对）B 老师：我认为，虽然经济基础和责任心是家庭里很重要的部分，但是在感情方面不能起决定作用。经济和责任心也可以与感情同时成长、发展。

（赞成）C 老师：纵观世界各国的《婚姻法》，我国规定的成婚年龄是最晚的，可是青少年生理上的发育在十二三岁已经逐渐成熟。虽然我们不把延续后代、繁衍人口放在第一位，把婚姻往后推有其道理，但中间也出现了一些问题。所以我赞成：只要他有能力、有责任感，多早都不算早，因为他已经身心都发育成熟了。

（反对）D 老师：这样说来，没有钱的男士都不能结婚了吗？也不一定。我爱人当年就是家庭条件不好，但我坚定地选择了他，之后我们共同努力，成就了我们今天幸福的家，虽然过程有很大波折，但我很享受这种努力的过程。

韦志中：封建社会和现代比还是有区别的。以前是男权社会，讲的是男尊女卑，那个时候基本上是男人赚钱，男人养女人天经地义，养不了就不用娶，养得起就可以多娶几个。而今天，我们讲的是男女平等，平等意味着什么呢？就是女人能顶半边天，也有自己的事业。在座的各位女士，你们不比你们丈夫收入少，是不是？有的可能甚至比他还要高。

（赞成）E老师：虽然表面上是看他是否能赚钱，但赚钱的过程是内心的一种成长、一种阅历、人生经验的丰富。如果他能够赚到很多钱，就证明他在这个过程中，内心一定是丰满的。所以我选择了赞成。

韦志中：我听起来更觉得她说的是结婚对象。我们要把恋爱和婚姻区分开来，它们不是同一种概念。人人都有恋爱的权利，因为它是人性使然。可不可以附加条件？可以，但不能以附加条件作为主导。

（反对）F老师：我们应该讨论的是"青少年是不是有权利谈恋爱"，但我们刚才的讨论似乎走向了"经济能力与结婚的权利"的话题。我是赞成青少年谈恋爱的，这个时候正是他们的花季，正是他们感情需要交流的时候，我们老师要引导的是什么？是帮他们掌握"度"，让他们知道什么时候该做什么事。

（赞成）G老师：我很同意C老师的看法。我觉得青少年的恋爱和成人是绝对不同的，当孩子进入青春期之后，他的性发育、性成熟，肯定带来一些萌动。但正所谓一寸光阴一寸金，这位父亲这样说，我觉得是对人生的一种引领，是可以肯定的。

韦志中：这堂课以"异性交往"为主题，是我们上心理课也好、德育课也好，都比较难上的课。不是难在过程是否舒服，是否能够达到教育的最大化，是否流动，而是难在你在孩子们心中种下怎样的思想种子，把他们的价值观往哪里引领。所以不是辩论一下、讨论一下，没有最终定论也无所谓的，老师必须具备适合这个时代以及这一批学生的未来发展的核心的价值观，才可以去上这个课。

李老师用的最后一个故事值得商榷。因为你到了最后才表态，"想不想听一听我的看法呢？""想！"这个时候你的任何表达都会成为他们具体的参照。所以这时候，你的这个故事是要有根本性的考量的，就是要慎重，但这个故事的寓意并不清晰。李老师所持的观点是好的，"你的青春你做主，你的选择你负责"。但是它是跟在故事后边的，一句带过，没有凸显出来。

如果我是这节课的导师，我肯定是要告诉孩子们我的态度：恋爱人人都有权利，责任要你自己承担。而且我要做详细的阐述，并且负责任地说，我的这种态度是有社会学、伦理学的依据和婚姻家庭、现实社会关系的经验的。最起码要把道理讲清楚，例如，各位同学，如果你们愿意为自己青春的选择做好各种准备——当然我知道你们即使做好了准备，有可能到时候也承担不了，可是我想说的是，如果那个时候你们即使承担不了也依然无怨无悔，有这样的信心和决心的话，无论你们表白还是不表白，我都觉得大家一定会有个美好的人生。因为人生中一定会有困难和挫折，也一定会有阳光和喜悦，关键是有没有准备好接受它？如果你不接受它，你就是

"难受"；你如果接受了它，你才能"享受"。

李老师：我听过一位荷兰的性教育专家的课，他一直强调：你要尽量多给学生摆事实，但是不能摆观点，不能把你的观点强加给你的学生。所以我就一直在纠结，包括学生在讨论的时候，我为什么一直不敢出手呢？就是怕我一说就说出我自己的观点了。

这个故事其实很有名的，他是一个外国的故事。今天我为了节省时间，把它稍微缩减了一下。当时我看了这个故事之后，很有感触。其实有没有谈恋爱的资本，不仅仅是金钱上的衡量，我个人更侧重于责任感，也就是你能不能承担起这个责任。包括你爱了，你有爱的能力吗？我是更偏向于这些方面的，但是我没有跟学生讲述清楚。

韦志中：我来解读一下刚才你说的性教育专家的观点。他采取的是我们心理学的一个伦理观：你帮了多少人是一回事，至少不能害到别人。因为他不知道现在的青少年的性教育老师，有多少是具备科学的知识，具备符合这个时代、符合当下这群孩子的价值观的。所以他一定要守住这个口子，在伦理上让我们戴上这个紧箍咒。确实有老师在性教育观上存在不妥，以前就有老师问过我青春期话题的课该怎么上，我问他的教育目标是什么，他却回答我说"我就是看不惯那几个小孩"。如果是这种老师，还是不上课为好。但是如果你是个新时代的老师，你在确认了正确指引的条件下，做一个鲜明的表达未尝不是画龙点睛。

李老师：我在备课的时候有参考其他教案，但有的案例，我一看就特别持反对态度。他们呈现的是，只要是恋爱了，最后的结局全部是非常悲催的，不是杀人了，就是自杀了，这样的案例不能呈现给我们的学生看，否则会给他们造成阴影。其实恋爱是一个非常美好的过程，说实在话，上学的时候产生的这种美好的感情，我觉得是最纯的。但我还是坚持，在他没有责任感的时候，他不配谈恋爱，谈了也是在害别人。刚刚韦老师也说了，涉及的内容和价值观太多了，一节课是不够的，应该要安排一个系列的课，例如恋爱观或者婚姻家庭、对自己未来美好的家庭期望都可以谈，这样才能让学生形成完整正确的恋爱婚姻观。

四、课后讲座

同学们上午好！经过几天的课程，我应该是你们"熟悉的陌生人"了，我一直坐在旁边看你们上课，却没有向你们正式自我介绍。我叫韦志中，是一名心理学工作者。很荣幸能走进林州一中，参与你们的体验式班会课，同时你们也在帮助我们做课程演示，让更多其他的学校和师生受益，感谢你们！

昨天你们上完"青春之路我选择"班会后，老师们进行了一次评课，评课的目的是提高老师在班会课或心理健康课的教学能力。评课中，我就爱情价值观方面谈了一些观点和改进建议。今天，李老师希望我为这节课进行一个升华，可见李老师是一位严谨、务实的师者。掌声送给你们的好老师！

首先，我要向大家说明的是：分清是真爱还是欲望？就像有位同学的观点：为了缓解学习压力而在一起，是不负责任的表现。这种情况并不少见，有些恋情可能是因为好奇心、是因为寂寞、是因为环境促成的，其实这并不是真正的爱情。

著名情绪心理学家阿瑟·阿伦曾经做过一个经典的现场实验，他找到一位漂亮的女性作为研究助手，由她到一些大学男生中做一个调查。调查的内容并不复杂，首先，让这些被试完成一个简单的问卷，然后，根据一张图片编一个小故事。实验的特别之处在于，参加实验的大学生被分为三组，调查发生在三个不同的地点：一是一个安静的公园；二是一座坚固而低矮的石桥上；三是一座危险的吊桥。这位漂亮的女性在对所有的大学生进行完简短的调查之后，她把自己的名字和电话号码都告诉了每一个参加实验的大学生。如果他们想进一步了解实验或者跟她联系，就可以给她打电话。研究者所要探讨的问题是：大学生们会编出什么样的故事，谁会在实验后给漂亮的女助手打电话？

参加实验的大学生编撰的故事千差万别，给女助手再打电话的人也是各不相同。实验结果最有趣的发现是：与其他两组相比，在危险的吊桥上参加实验的大学生给女调查者打电话的人数最多，而他们所编撰的故事中，也更多含有情爱的色彩。后来，就用"吊桥效应"来形容这种现象：当一个人提心吊胆地过吊桥的时候，会不由自主地心跳加快。如果这个时候，碰巧遇见一位异性，那么他会错把由这种情境引起的心跳加快理解为对方使自己心动，才产生的生理反应，故而对对方滋生出爱情的情愫。这就能解释为什么人们谈恋爱喜欢在晚上约会、喜欢去电影院，甚至看恐怖片、玩过山车了。

而"疑邻盗斧"的故事中，当怀疑邻居是偷斧头的人时，他的一言一行，一举一动，无一不像偷斧子的；当误会消除后，就觉得他言行举止没有一处像是偷斧子的人了。

所以，实际上有时"喜欢"的感觉也许只是特定情况下的错觉或者是一时的冲动，同学们务必不能将它与真爱混淆。

若经过长时间的相处，这种心动的感觉没有消退反而越加浓烈，你很肯定自己真的喜欢上对方时，就进入了第二个要讨论的话题：喜欢就一定要立即表白吗？我想告诉大家的是，经过等待后得到的东西才更珍贵，幸福的滋味更强烈。

我是"70后"，我的老家在安徽北部，小时候家里比较穷，只有等到过年才有新衣服穿，之前我经过了很久的期盼，等穿上新衣服的那一刻，那种幸福的感觉也许你们是体会不到的，我现在也体会不到了。随着信息化的快速发展，现代人做事、生活都要求"快"，导致大家越来越没有耐心，电脑手机卡顿个三五秒我们就烦躁起来。对待爱情也一样，都说"爱要大声说出来"，所以暗恋的人越来越少，却不知爱情这一神圣的事物，要学会等待，才能结出最美的果实。

其实并不用着急，对的人迟早会属于你，因为经过千百年的进化，我们早已形成了一套较完善的择偶机制。进化心理学的研究表明，对于女性来说，有着健康体征（如身高较高、面孔对称、男人味的嗓音等）、社会地位较高、有上进心和勤奋、愿意为子女投资、性格可靠和情绪稳定的男性更具吸引力；对于男性来说，有着健康体征（如匀称的体形、亮泽的头发、光洁的皮肤等）、良好的人格品质（善良、忠诚、容易相处等）的女性更具吸引力。

甚至气味也是爱情的来源。芝加哥大学大脑与生物学院主任克林特克做了一项古老的 T 恤实验，但却有了新的发现。研究者让 6 个男人在两天的时间里持续地穿着同一件 T 恤，之后，把这些 T 恤放在不同的盒子里。这时，再找来 49 名单身女性去闻这些衣服，并且让她们挑选出她们最喜欢的、最愿意与之一起生活的那种气味。实际上，这些女性并不知道这些气味来自何方，甚至都没有人知道这些气味是来源于男人的。

这个实验已经在全世界很多实验室做过很多次了。这一次，研究者从男人和女人身上都提取了一种免疫系统基因——HLA 基因。人们发现，女人选择的那个男人的基因，与女人所遗传的她的父亲的这种基因非常相像。而她们最不喜欢的气味，来源于那些与自己父亲的 HLA 基因最为不同的男性。

除了生物学上的条件外，是否表白更重要的是取决于你是否具备爱的能力。表不表白并无对错之分，主要是表白后的结果，你是否能承受呢？如果表白后给自己带来难受，如被拒绝或导致其他问题，你觉得自己接受不了，担不起责任，那你是不具备表白的资格的。如果表白后你给对方带来难受，那就更不具备了。举个极端的例子，《不要和陌生人说话》是一部比较有名的电视剧，里面冯远征饰演的安嘉和是有偏执型人格障碍的，在外人看来，他是个善良温和的人，但对待妻子却敏感多疑、暴躁、有很强的控制欲，这段爱情注定是不幸的，对双方都是一种折磨。

因此，生理的成熟是基础，心智的成熟才是保障。待我们成长为更好的自己，真爱也就会在适当的时机出现，到时再互表心意该多么美好。

相信大家都学了《关雎》，也背得滚瓜烂熟，但有没有发现《关雎》描述的爱情是我们学习的好范本呢？

"窈窕淑女，君子好逑"。"窈"指心灵，"窕"指身体，"淑"指成熟，也就是告诉我们：真正有资格追求爱情、配拥有好的爱情的女孩子，应该是内外都成熟的女孩子，用现在的话说，就是不仅外貌漂亮，还要有内涵、有气质。男孩子也一样，"君子"就是身心成熟的男人：体格雄壮、人格健全。

"求之不得，寤寐思服。悠哉悠哉，辗转反侧。"男孩子看上了女孩，躺在床上睡觉时还在想着这个女孩，发誓一定要追到她，漫漫长夜，尝到相思之苦，也更坚定了要追到她的心。经过耐心的等待，美好幸福的爱情终于降临。这也是给年轻人一个忠告：好对象是值得等的！

《关雎》值得我们细细品味，留给同学们课下思考吧。总之，爱情是美好的，但前提是你要提升自己的爱情心理资本。正如李老师最后讲的那个故事，父亲告诉儿子，当你成为"君子"，即有独立的经济能力、有强大的责任感后，才能更好地享有爱情，才能使双方都幸福。

也许一二十年之后同学聚会，你发现原来那个畅谈理想、有着满怀憧憬的笑容的同学变得沧桑、消沉，不是因为他没有升职、没有发财，而是因为他与错的人朝夕相对。亲密关系太重要了，所以大家不要草率行事。

祝每一个人将来都有美好的爱情之旅！

五、附 1：故事原文——《成功是一片海》

故事是从爱情开始的。

每一份爱情的来临都不是无缘无故的。作为这所美国人开办的私立学校中最为优秀的男生，男孩有理由得到情窦初开的少女的追求——他长相俊秀，气质儒雅，拉得一手漂亮的手风琴，而且，英语口语在学生中无人能及。当然，向他示爱的女生也并非平庸之辈。那位名叫依丝米忒的少女是伊斯坦布尔赫赫有名的皮草大王的女儿，貌若天仙，伶俐可爱。

依丝米忒常常在校园拦截他，有时会送给他一些小物件，比如手表、瑞士军刀、皮带什么的，都是男孩子喜欢的东西，有时只是为了和他说几句话。说实话，这样漂亮多情而又率性热忱的女孩子几乎没人能够抗拒。所以，他也不知不觉地陷入了依丝米忒用温柔和热情织出的情网。他们开始约会，常常在周末，远离街区，跑到郊区的河畔和小山冈，在那里玩耍、嬉戏，情到深处也会激情拥吻。

他的变化被父亲看在眼里。处在莽撞毛糙的少年期的儿子一度显示出了异常举动，多数时间心思重重，神游身外，其间伴随有间歇性傻笑。作为过来人，这位一直深受西方思想熏陶的大个子葡萄酒商人，敏锐地察觉儿子一定是有了心上人。可是，儿子还是如此稚嫩羸弱，虽然个头已经快和自己差不多，但是，他除了会学习，其他什么也不会，甚至连衣服都不会洗。沉醉初恋不知归路的儿子是在携带着美好情愫走可怕的感情钢丝啊！他决定和儿子好好谈一谈。

父子间的谈话是在一次晚餐时进行的。父亲直言不讳地问儿子："奥罕，告诉爸爸，那个入你法眼的女孩子叫什么？"

他因意外，显得非常吃惊。只是怔了片刻，随即垂着头轻声告诉了父亲。他不敢抬头直视父亲，等着父亲大发雷霆。

父亲说："还是到此为止吧，听爸爸的话。"

他见父亲态度温和，胆子渐渐壮了起来。他为自己辩解："爸爸，是她主动的。况且，她的条件的确不错呀！"他觉得更像是在为他们的那份感情辩护，心底有一股豪气油然升腾。

父亲轻轻摇头："奥罕，你还太小。"

"太小？爸爸，我已经19岁了，是一个男子汉了。而你，当年只有17岁不就和妈妈好上了？"他自认为抓住了父亲的话柄，情绪越发激动起来。

他说的确是实情。他等着父亲妥协。

可是，他听见依然和蔼的父亲说了这样一番话："你说的没错。可是，你知道吗，我17岁的时候已经在葡萄酒作坊当酿酒师傅了，每个月能拿2000万里拉。我是说，我当时已经能够自食其力，有一定的经济实力为爱情买单。你呢，一个里拉都挣不到，你凭什么心安理得地钟爱自己心仪的女孩？"

他桀骜的心被父亲的话征服了，埋头扒饭，一声不吭。

父亲又语重心长地安慰他："奥罕，不是爸爸古董封建。你想想看，一个男人，如果没有经济基础，不能为他的爱人提供必要的物质保障，如果你是女子，你会怎么看待这样的男人？儿子，我告诉你，我一直都认为，一个男人，如果没有一份赚钱的工作，不能自食其力，哪怕他40岁甚至50岁，都不配谈恋爱，谈了，就是早恋；相反，只要他有立业挣钱养家的本事，15岁恋爱也不算早恋！"

父亲的一番话，可谓语出惊人，是他闻所未闻的逻辑，但又是那么入情入理，无懈可击。一语惊醒梦中人，经过思想斗争，他做出了从依丝米忒身边安静地走开，从这段虚幻缥缈的无根之爱中抽身而退的决定，尽管为此他承受了半年的痛苦。

牢记着父亲的嘱咐，他知道自己涉足感情还为时过早，于是集中精力于学业，最终一举考上伊斯坦布尔科技大学——土耳其最好的国立大学，并在这里牢固地奠定了日后事业的基础。

他就是奥罕·帕慕克，2006年度诺贝尔文学奖获得者。

荣获巨奖之后，奥罕·帕慕克曾在重要场合多次提到这件鲜为人知的早年趣事，坦言自己感激父亲当年"温柔地扼杀了一种愚蠢而羞赧的情绪"，让自己避免了蹉跎年华。土耳其国家级大报《自由之声》的一位资深评论员发表评论，说奥罕·帕慕克父子当年的交谈"是人类文化史上绝无仅有的经典细节"。

这一评价恰如其分。奥罕·帕慕克的父亲关于恋爱岁数的观点见解独到，其精辟在众多观点中无人能出其右，更重要的在于，这次谈话为未来一位文学大师的诞生铺设了一条正道，其意义永难磨灭。其实，融入了浓浓父爱的故事，即便是发生在普通人身上，都足以以经典相称，更何况是发生在伟大的天才作家身上呢？奥罕·帕慕克的成功当然是他自己的天赋与勤奋的结果，但其父给他上的经典恋爱课同样功不可没。

丹麦的一位诗人说过："成功就是一片浩瀚的大海。"你本人的付出是注入其中最重要的那条大河，可是，千万不要忘了，还有无数条不起眼的支流也尽了一分力。

——摘自《思维与智慧》杂志，作者：赵功强

六、附2：从《关雎》中解读爱情心理

爱情是人生中特别美好的事情，如苏武在《留别妻》中的"结发为夫妻，恩爱两不疑"，卓文君在《白头吟》中的"愿得一心人，白头不相离"，元好问在《摸鱼儿·雁丘词/迈陂塘》中的"问世间，情为何物，直教生死相许？"这些美好的诗句无不展现出对爱情的向往和忠贞。

但是在现实生活中，为爱情、婚姻烦恼痛苦的大有人在。在我从事心理咨询和心理辅导的过程中，发现有相当多的来访者是婚姻家庭的问题。难道婚姻真的是爱情的坟墓吗？难道柴米油盐真的不能和爱情相伴相生吗？要知道，父母是生我养我的人，但老公/妻子才是陪伴我们一生的人。民间有这样的说法："种不好庄稼是一季子，娶不到好妻是一辈子。"同样，嫁不到好的丈夫也是一辈子。所以经营好自己的婚姻，并不只是处理好两性关系，而是和我们的人生幸福息息相关的。

1.当前我国的婚姻状况

从国家民政部统计资料显示：从2002年开始，中国的离婚

率就一路走高。而最新数据显示：2017 年上半年全国各级民政部门和婚姻登记机构共依法办理离婚登记 185.6 万对，比去年同期上升 10.3%。而 2017 年上半年全国各级民政部门和婚姻登记机构共依法办理结婚登记 558 万对，比去年下降 7.5%。另外研究人员对 800 对夫妻展开调查，发现双方从结识到结婚不到半年的高达 23%，认识半年至一年内结婚的占 24.25%，恋爱时间在一年至一年半结婚年的占 18.2%，恋爱两年以上结婚的占 21.9%。闪婚闪离的现象越来越多。

为什么会出现这种现象呢？主要是由于婚姻功能的减弱。婚姻主要有四大功能：繁衍功能、经济功能、社会功能和心理功能。

（1）繁衍功能。由于现代科学技术的发展，人类繁衍不再仅仅依靠男女的两性关系发生才能顺利进行。试管婴儿技术的成熟，意味着其他更多的可能。同时丁克家庭的增多更是为婚姻的繁衍功能关上了一道门。

（2）经济功能。随着女性经济的独立，女孩可以不再依靠家庭的经济功能而生存，这也导致家庭经济功能的逐渐削弱。甚至现在越来越多的家庭，经济支柱来源于女性。

（3）社会功能。随着女权主义的兴起，社会对于女性的地位和态度也在逐渐改变，女性不再依靠男性，开始独立走上社会，争取自己的权益，甚至撑起了半边天，这间接地导致了逐年升高的离婚率。

（4）心理功能。心理功能包括安全感、被疼爱的感觉、心理上的依赖。现在双方即使不结婚，也可以享受心理上的满足，还可以避免婚姻所带来的各种复杂的困扰，这也造成了现在越来越多的人享受恋爱所带来的快乐，拒绝走向婚姻。

在恋爱过程中该如何选择自己的另一半？什么样的婚姻才是美满的？现在都提倡"洋为中用，古为今用"，《关雎》居于《诗经》的卷首，是中国爱情诗的"开山之作"，它也许可以给我们一些意见。

2.《关雎》中的爱情进程

《关雎》是诗经的首篇，全篇用浅显易懂的语言，描绘了男子对女子的追求，到最后缔结婚姻的全过程，其中蕴含着丰富的爱情智慧。接下来我们就一起来解读这首诗，见证一下古人的恋爱心理。

关雎

关关雎鸠，在河之洲。窈窕淑女，君子好逑。

参差荇菜，左右流之。窈窕淑女，寤寐求之。

求之不得，寤寐思服。悠哉悠哉，辗转反侧。

参差荇菜，左右采之。窈窕淑女，琴瑟友之。

参差荇菜，左右芼之。窈窕淑女，钟鼓乐之。

"关关雎鸠，在河之洲。"在远远的地方有一条河，河流分叉中间形成一个小洲，呱呱叫的鸠鹚在洲上准备下水捕鱼。在商周时期，百姓通常用鸠鹚捕鱼象征男欢女爱，这其实预示着爱情的开始。下一句"窈窕淑女，君子好逑"，果不其然，爱情来了。君子喜欢窈窕淑女，那什么样的女孩才能称得上"窈窕淑女"呢？诗句本身就已经给了我们答案："窈"指心灵，"窕"指身体，

"淑"指成熟，即身心成熟的女孩。因此，"窈窕淑女"本身就告诉我们，真正有资格追求爱情的女孩子，应该是内外都成熟的女孩子。那什么样的男孩才是"君子"呢？即身心成熟的男人，体格雄壮，人格健全。所以"关关雎鸠，在河之洲。窈窕淑女，君子好逑"告诉我们：找一个什么样的男子结婚会幸福，找一个什么样的女子结婚会幸福。作为一个女孩，你要拥有一个健康成熟的自我，你才配拥有好的爱情；作为男孩也是一样。

找一个什么样的人恋爱和结婚会幸福呢？如果你问社会学家，社会学家说"找一个遵守社会规则的人"；你问法学家，法学家会说"找一个遵纪守法之人"；你问经济学家，经济学家建议你"找一个会理财的人"。可是你问心理学家，心理学家会说"找一个心理健康的人"。因为心理学家深深地知道，一个不健康的人如果被你选中了，你的人生一定是悲惨的。

大学毕业的时候，人人对未来有无限憧憬，脸上洋溢着各种各样的笑容。几年之后，这些人再次见面时，有的人已经笑容消失殆尽，只剩沧桑和憔悴。为什么会这样呢？一些社会研究发现：他们之所以过得不开心，不是因为没有升职，不是因为没有发财，而是因为他们身边有一个麻烦人。有人说，人生有三大幸运：上学时遇到好老师，工作时遇到一位好师傅，成家遇到一个好伴侣。有时他们一个甜美的笑容，一句温馨的问候，就能使你的人生与众不同，光彩照人。也许原本你很优秀，由于周围那些消极的人影响了你，你可能会丧失前进的动力，最终变得俗不可耐，如此平庸。所以，命运有时候不只是掌握在自己手中，而是掌握在身边人的手中。不管你再厉害，如果你的伴侣是一个不健康的人，你最终也会变得不正常。

"参差荇菜，左右流之。"荇菜是什么？荇菜是一种浅水植物，匍匐生长，叶子漂浮于水面或生于泥土中。因为周朝的祖先经历过吃荇菜的时期，所以当时百姓用荇菜来祭祀祖先。每年的六七月份，家家户户都要去河边采荇菜。谁去采呢？不准已婚妇女采，要未婚女子采。当未婚女子采荇菜时，男孩子就全部跑到那个地方去看，于是采荇菜的民俗活动变成了未婚男女的相亲活动。女孩在采荇菜时，需要站在水里，把裙子撩起来，"左右流之"。"流"在胡语里是"扭"的意思，女孩左边扭一下，采一支；右边扭一下，采一支。女孩"扭"给谁看呢？就是扭给岸上的小伙子看，扭给岸上的君子看。"左右流之"其实是女孩要暴露出丰满、性感、迷人、成熟的身材，吸引别人。男孩果然因为女孩的"左右流之"出现了"寤寐求之"。男孩子看上了女孩，当躺在床上睡觉时还在想着这个女孩，发誓一定要追到她。这时爱情已进入了思念、相思阶段。

爱情一定要经过几个科学的阶段：第一，男女双方身心成熟；第二，男女双方有机会相亲；第三，男女双方看上之后，寤寐求之，但是却求之不得。因为没有对方的联系方式，不知道对方的姓名，人海茫茫，到哪里去寻找呢？也只能"寤寐思服""辗转反侧"了。男孩躺在床上，想女孩，想得不行，辗转反侧，怎么也入不了眠，趴下睡，不舒服；躺着睡，睡不着；侧着睡，也不好。漫漫长夜，正如男孩思念女孩的悠悠之心，怎么也停不下来。

为什么诗中要描写这个场景呢？今天我们发现，很多年轻人谈恋爱没有耐心。"我想给你处对象行不行？""不行！"那就寻找下一个目标，他们没有经过"悠哉悠哉，辗转反侧"这个相思过程。没有经过这个阶段的人，要么一直在寻寻觅觅，要么闪婚之后存在诸多隐患。这也是给年轻人一个忠告：好对象是值得等的，好对象是应该等的！

"参差荇菜，左右采之；窈窕淑女，琴瑟友之。"祭祀的东西不需要采很多的，可能采一天就足够了，但女孩第二天又要来采，父母已心知肚明，也放任她去。但是这次采不需要"左右流之"，只是象征性地左右采两下，就开始"琴瑟友之"。这时两人的关系已变成了朋友，可以通过乐器进行互动：我来弹，你来跳；我来跳，你来唱；我来唱，你来跳。

科学的恋爱过程，要有思念的过程。思念越长久，我们心中的体验越美好，我们未来对于爱情就越珍惜。建立恋爱关系之后就是"琴瑟友之"，主要就是玩的过程。这个阶段要持续一段时间，不能马上结婚，要不然还会出现问题。

当恋爱一段时间后，就进入下一阶段："参差荇菜，左右芼之；窈窕淑女，钟鼓乐之。""芼"是薅的意思，女孩采荇菜时左右拔两下就上岸了，两人开始谈婚论嫁。"钟鼓乐之"即我要告诉全天下的人："我们要结婚了！你是我的人了！"爱你就要让全世界知道！现在很多年轻人，想分手，又放不下；想结婚，又不想让别人知道。这其实就是不专情，三心二意。

《关雎》告诉我们，科学的恋爱分为四个阶段：首先要身心成熟，其次要相思相念，再次要恋爱相伴，最后才是谈婚论嫁。现在我们很多人是不完成这四个阶段的，要不就是相亲立马结婚，要不就是左右纠结。比如一个男孩追了女孩很久，女孩开始纠结"不跟他好吧，好像对不住他；跟他好吧，我好像还没有那么喜欢他"。男孩是怎么想的呢？"追了你这么久，还不答应，看来你是真不喜欢我，那我还是放弃吧"。所以，我们所谓的爱情并不是科学的爱情。

3.《关雎》中的爱情理论

进化心理学认为人类关注的重点始终是生存和繁衍。男性的择偶标准是女性的年轻貌美，年轻就意味着生育能力旺盛，貌美就表示女孩拥有适当的腰臀比例、匀称的身体。所以女孩的年轻貌美是优势基因，象征着良好的生育能力。女孩的择偶标准呢？在人类早期，由于女性在怀孕和抚养后代过程中，获取食物与保护自己和子女的能力减弱，她们需要将来的配偶能提供生存所必需的食物，所以她们要找生存能力好、资源拥有多的男性。因此，"窈窕淑女"和"君子"都是符合进化心理学的择偶标准的。

另外在生物学的历史上，还存在雌雄同体的生物。它们不需要两个异性个体的结合来受精、受孕，就可以孕育出新的生命，这是单基因遗传的方式。我们知道近亲结婚，孕育的后代出现问题的现象特别多，单基因遗传更是如此。经过物竞天择，这样的单基因遗传的物种越来越少。自然选择只导致生物当前的适应，进化功能则是潜在的适应或未来的适应能力。"君子"和"窈窕淑女"意味着双方拥有良好的基因，可以很好地孕育生命。

美国心理学家斯腾伯格告诉我们，"君子"和"窈窕淑女"相识后，要想拥有爱情，需要符合三个条件：激情、亲密和承诺。激情包括强烈的情感表现，由于他人的强有力的吸引，对他人产生强烈的、着迷的想法。亲密包括一种真正喜欢对方和渴望建立一种更有凝聚力的和谐关系。承诺则是与时间直接有关系，包括做出爱一个人的决定，并伴有强烈的维持长期爱情的愿望，感人的爱情不能缺少内心的表白和海誓山盟。女孩的窈窕贤淑和左右流之，让男孩辗转反侧，寤寐思服，这是激情的写照。女孩的左右采之，男孩的琴瑟友之，就是亲密。最后的钟鼓乐之则是承诺，向全世界宣布他们的爱情誓言，所以《关雎》的爱情是符合爱情三角形理论的。

4.《关雎》给婚姻的启示

《关雎》告诉我们，爱情是要分阶段的，我们需要用心经营好每一阶段，才能走进婚姻的殿堂。那么对于已经步入婚姻的夫妻，应该怎么经营好自己的幸福呢？《关雎》同样给出了答案：提升自己的积极品质和平衡两者的亲密关系。

（1）积极品质提升。《关雎》告诉我们，女孩要心理成熟，具备"窈"的特性；男孩要德行具备，是一名"君子"才有机会恋爱。已经拥有家庭的夫妻，同样不能丢失自己的美好品质，这是吸引对方的砝码，千万不能忽视。

（2）亲密关系平衡。刚开始男女双方不熟时，女孩要"左右流之"；当女孩知道男孩对自己的喜欢时，女孩"左右采之"之后，就开始"琴瑟友之"；当双方感情进行到一定阶段，可以谈婚论嫁，女孩象征性地"左右芼之"，然后就可以"钟鼓乐之"。从这一系列的变化来看，双方的感情是逐渐走向亲密的。对于女孩的行为，男孩做出了回应；对于男孩的爱慕之心，女孩同样也体会到了其中的深情。在这场爱情的交流中，亲密关系是相互的，是平衡的。婚姻是爱情的保障，亲密关系仍是婚姻中不可缺少的部分，所以婚姻的经营需要亲密关系的维护。

5. 小结

爱情需要科学的进程，《关雎》中的爱情交往给了我们模板，同时也给了我们方向。人情不远，让我们一起从古诗中吸取爱情智慧，为婚姻保驾护航吧！

——摘自《生命世界》杂志，作者：韦志中

参考文献

[1] 吴莹. 中学生异性交往现状研究 [D]. 山东师范大学，2015.

[2] 肖敏芳. 中学生异性交往的现象分析与引导 [J]. 教育科研论坛，2010（7）：61-62.

[3] 王敏. 中学生异性交往的现状分析和策略指导的研究：以姜堰地区高中生为案例 [D]. 苏州大学，2011.

[4] 李阳，王菲，刘艳. "早恋"概念的新认识 [J]. 中国性科学，2007，16（1）：33-34.

[5] 苏娟. 高中生恋爱指导的现状与对策研究 [D]. 华东师范大学，2009.

[6] 邢锋.高中生恋爱现状调查与教育对策 [D].辽宁师范大学，2006.

[7] 李玉艳，赵瑞，周颖等.小学高年级与初／高中学生恋爱态度和行为调查 [J].中国公共卫生，2017，33（2）：249-253.

第五节　班会5：为未来做正确导航

一、背景介绍

（一）中学生职业生涯规划教育

职业生涯规划理论发源于20世纪初，职业指导的内涵也已由最初的助人择业发展为协助个人发展、接受适当、完整自我的形象，同时发展并接受完整而适当的职业角色形象的工作。基于此，中学生职业生涯规划是指在学校教育阶段，通过各种与职业相关的系统课程设置和实践活动，使个体在进入具体职业之前，培养正确的职业观，进行有效的探索学习，有针对性地加强职业能力和职业技能的培养，使个体对自身发展有长远认识和对发展方向进行合理选择的一种教育活动。

参考我国中学生职业生涯规划教育比较成熟的上海市，学生职业（生涯）发展教育"十二五"行动计划指出："实施学生职业（生涯）发展教育的根本目标就是让每一个学生获得最佳的职业选择，并在这一过程中最大限度地实现自己职业规划与事业愿景的统一，最大限度地实现人生理想和社会价值。"

（二）为什么中学要开设职业生涯规划教育

1. 学生的需要

（1）学生个性化成长的需要。从 2008 年开始，青岛某高中连续八年给每届高一的学生讲座前都做问卷调查，其中有一项你将来是想创业还是求职，2008 年还只有不到 10% 的学生有此意愿，而到了 2010 年，就增加到 50% 左右，还有 20% 多的学生计划求职工作积累经验后就创业。到 2012 年就已超过 80% 了。"00后"的孩子想创业的比例更高。而且许多孩子在初中就已经有打工的经历，而在广州深圳等地，已经有在校初中生真正创业的案例。所以"00后""10后"的孩子非常需要家长能够尊重他们的梦想，并给他们提供个性化的智慧的指导。

（2）学生成长规律的需要。按照舒伯的生涯发展理论，中小学生是处于生涯的探索时期。按照埃里克森 8 个阶段成长理论，12 ～ 21 岁这一阶段是学生对身份与角色的困惑，他们要找出适应世界的方法，接受自己生理上的变化，界定自己对于异性的身份，界定在同性和同辈里的身份，确定人生应怎样过，这是生涯规划的黄金时期。在这一生涯规划黄金阶段的孩子，如果他们的需要能够得到满足，有探索自己的梦想及感觉的自由，勇于尝试新想法，那么他会发展成为一个接受自己的人。如果在这一阶段孩子的需要没有得到满足，也不支持他、引导他去勇于探索，人为地限定他必须进入某一个角色，那么他的性格就极有可能变得极端、变成一个缺乏责任感的人。

（3）应对高考改革新变化的需求。新一轮的高考改革方案不

再分文理科，将采取"3+3"考试模式，也就是除语数外这三门
科目必考外，学生可在物理、化学、生物、历史、地理、政治课
程自主选出3门计入高中学业水平考试科目，（浙江实行的是"7
选3"模式），高校不再实行平行投档，而是"专业＋学校"志
愿，按专业（类）平行投档。各高校正陆续发布各专业需要考哪
些学科。以后孩子不是选择文科和理科了，而是上高一时就要根
据自己的兴趣爱好、学科特长和高校专业录取对学科的要求选择
哪几科，这是比较符合孩子个性化发展的。这就需要家长和孩子
提前做好充分的准备，才能够做出正确的选择。

　　2. 学生存在的问题

　　（1）缺乏自我认识，对自己的人生缺少规划。大多数学生对
自己的价值观、兴趣、能力和人格缺乏全面的认识，造成了职业
规划的盲目性和职业选择的随意性。

　　（2）缺乏对社会多种职业类型的了解。社会职业类型多种多
样，我们在选择职业时经常会听到职业扎堆，无人报考，某技术
人才缺乏等现象。中学生对职业类型的认识仅限于他们所接触的
一些常见职业，而这些职业正是人流量和就业压力比较大的职业。
《中华人民共和国职业分类大典》中的很多职业我们并不了解，
甚至没有听说过。如果同学们了解各种职业类型，根据自身特
点选择适合自己的更容易就业的行业，那么就能有效缓解就业压
力，为各种职业提供更多的人才。

　　（3）缺乏对职业规划教育的认知。多数中学生对职业生涯规
划这一概念还很陌生，60.3%的同学并不是很了解职业生涯规划，

甚至还有 5% 的同学根本不了解。大多数同学并未考虑过自己的职业生涯问题，由于缺乏这方面的有关指导，造成一部分中学生学习和生活上的迷茫，从而导致高考填报志愿的迷茫、大学由于对专业缺乏兴趣而荒废学业、毕业后就面临"失业"或工作倦怠的连锁反应。

（三）我国职业生涯规划教育现状

随着课程改革的深入和高考制度的改革，"多元评价、适性扬才"的理念日益深入人心，生涯规划教育的重视程度日益加深。在高等教育阶段，生涯规划教育已经较为完善，专门的生涯辅导课程扩展了以往就业指导中心的职能，不断完善。比如将生涯发展指导中的入学适应、大学生活规划、恋爱婚姻、职业发展等各方面信息和服务提供给大学生，并贯穿于整个大学阶段。

目前生涯规划教育"面向人的终身发展"的理念得到各界广泛认可，越来越多的有识之士意识到在高等教育阶段才开始进行生涯教育是不够的，必须在中小学这一重要阶段就应有所建树，于是我国的中小学也将生涯规划教育提上日程，不断加以研究。很多学校以不同的方式开展着生涯规划教育，如学生发展指导中心不断建立，许多学校已经开设系统的生涯规划教育课程，通过生涯教育主题活动、社会实践、家校合作指导家长进行生涯教育等，不断加强学生的生涯意识。

但仍需清醒地意识到，我国中小学的生涯规划教育正处于起步阶段，生涯规划教育在很多学校只是教师个人行为或者并没有上升到课程。由于从国家到地方还没有针对中小学生生涯教育推出任何指导性文件，也没有系统的、操作性强的生涯教育资料，因此一线教育工作者处于边摸索、边尝试的状态。

为对中学生职业生涯教育做出一些努力，我们开展了主题为"职业生涯规划"的体验式班会。但需注意：职业生涯辅导并不是要求学生过早就决定将来的道路，而是注重于指导他们开始思考人生的道路和学会制定各个阶段的目标，从而使他们在生活中有信心、目标和计划，然后有实际行动。

| 笔记栏 |

二、课堂实录

开场：请三位自愿的同学轮流上台唱歌热场。

李老师：咱们把凳子搬过来围成圆的。

刚才大家营造了一个非常非常有温度的场。亲爱的同学们，大家上午好。

学生：老师好。

开门见山式开场。

李老师：美好的一天又开始了。今天我们的班会题目是什么呢？

学生：为未来正确导航。

李老师：好，那大家知道我的职业理想是什么吗？

学生：心理老师。

李老师：（请一位同学起立，在他耳边悄悄说）刚才我是在悄悄跟他说，是吧。

学生：是。

李老师：现在我请大家把手中的本和笔放在凳子上，在这个场内自由地走动，任意地寻找三位同学，就像我刚才一样，悄悄地和他分享你的理想职业以及你以后想成为什么样的人，听明白了吗？好，OK，现在可以开始了。记得是悄悄的哦。（留 2 分钟给学生活动）两两沟通。女生想知道男生是怎么想的吗？男生你们想听听女生怎么想的吗？去听听他们以后想干什么吗？三个人，说完了吗？

学生：说完了。

李老师：刚才我看大家说到自己的理想都是说得津津有味的。好，可以回到自己的位置了。理想是我们人生的指路明灯，有了理想，才会有动力。你的人生才会有希望。那么，我们今天的班会主题就是围绕"为理想导航、生涯规划"这个主题展开的。接下来，我请大家每个人都找到自己最舒服的姿势坐好。坐好了吗？好。闭上你们的眼睛，感受自己的呼吸，缓缓地吸气，吸进去今天大自然赐给我们美好的能量。缓缓地呼气，把所有不想要的全部随着你的呼吸呼出去。

现在我们坐上了时空穿梭机，来到了 20

笔记栏

冥想：引导想象，进入主题情境。

年后的世界，算一算现在的你多少岁，容貌有
什么变化，尽量想象自己 20 年后的情形。清
晨和往常一样，你慢慢地睁开眼睛之后，此时
是几点钟？你在哪儿？你听到、看到了什么？
现在你准备起床上班了，一番梳洗之后，你来
到了衣柜前面，今天你要穿什么样的衣服外出
呢？换好衣服，来到了餐厅，和你一起就餐的
都有谁？今天的早餐是什么呢？接下来走出家
门，准备前往工作地点，走到屋外回头看一看
自己的家，这是一栋什么样的房子？你将选择
什么样的交通工具出行？你即将到达工作的地
方，这个地方看起来是什么样子？进入工作的
地方，你和同事打招呼，他们怎么称呼你？你
还注意到哪些人出现在这儿，他们正在做什
么？你开始了一天的工作，那么今天的工作内
容是什么呢？跟哪些人在一起工作？午餐时间
到了，吃的是什么？和谁一起？用餐愉快吗？
傍晚你结束了一天的工作，下班后你是选择直
接回家还是和朋友一起外出？你通常有哪些休
闲娱乐活动呢？到家了，家里都有谁，回家后
你都做了些什么事？晚餐是跟谁一起用餐的？
晚餐后，你做了什么？跟谁在一起？就寝时间
到了，结束了一天的工作和生活，今天你过得

愉快吗？你希望明天的生活也是如此吗？好，时空穿梭机渐渐地又把我们载回到了现在，我们重新回到了现在的地点，跟老师、同学在一起。动一动你的手指，动一动你的脚，慢慢地睁开自己的眼睛，伸个懒腰。好，我们又重新回到了现在的场。

现在，我们三个人一组，不用挪凳子，直接站起来分享就好。三个人一组和同伴一起分享，第一，在刚才的幻游体验中你最深的感受是什么？第二，你印象最深的画面是什么？第三，20 年后你的生涯角色和现在相比有什么样的变化？好，大家可以站起来随意在这个场中寻找两位同伴分享一下你的感受。（留 5 分钟给学生活动）可以打破男女生之间的界限，难道你对同班的 TA 不想有了解吗？大家都分享完了吗？看大家刚才在分享，我特别特别感兴趣。好，大家请坐。

大家看到我们教室两边这 6 个岛屿了吧。现在请大家站起来仔细观察一下这 6 个岛屿，然后在这 6 个岛屿中选择一个你最最最想去的岛，顺便留意一下哪个是你最最不想去的岛。所以要把 6 个岛屿都要浏览一遍的。可以随意地走，可以走出凳子围的外面。（留 5 分钟给

笔记栏

学生活动）我看到了，我觉得你也是想要选择这里。不想了解一下？了解了解吧，说不定你看了就动心了呢。选出来自己最最想去的和一个最不想去的岛屿。好，大家都有主意了吗？

学生：有。

李老师：这样，咱们每个人都站上自己最想去的岛，站成一排吧。面向我，面向场中央。你呢？你站第一个。你们3个，对。好，你们呢？你是哪个？到底是哪个？想好了吗？可能上去一辈子就下不来了。来，这边，往前往前。好，看来咱们每个岛上都有人，是吧。看来咱们各行各业其实都需要人才，那么你们想知道这个岛上常驻的居民他们都是在从事什么样的工作吗？每个组寻找答案，然后选同学出来分享，一组一个。同岛屿的聊完了之后，也可以去别的岛上转一转，看看同班同学他们都在干一些什么样的事呢？这样，咱们刚才不仅看了自己岛屿上常驻的居民他们在干些什么，还顺便去了别的岛上溜达溜达，现在咱们每个岛上推选两名代表作为你的岛屿代言人，咱们来做分享。你们可以讨论一下。抓紧时间，咱们先从R岛，来，你先来。

学生1：我们岛是自己动手能力比较强，比

★心理技术
霍兰德兴趣岛
R岛：自然原始的岛屿。
岛上保留有热带的原始植物，自然生态保持得很好，也有相当规模的动物园、植物园、水族馆。岛上居民以手工为业，喜欢户外活动，自己种植瓜果蔬菜、修搭房楼、打造器物、制作工具。

较现实，喜欢非常具体的一些东西，就是用自己的双手来打造出一些东西；喜欢创新，不喜欢在办公室里工作，寻找大自然，就是这样。

学生2：她和我想的形式比较不一样，现实型。其实我选的 R 岛，是理想主义型。我之所以要选择大自然，也许是因为可以感觉自然环境以及更亲切地体会到人的一种本性，而不是在社会当中……反正就是更舒畅一点，感觉在那种环境下更舒畅一点，体验天人合一，自然的感觉。

李老师：说说你那会儿想象 20 年后你是做什么的？

学生2：首富，世界首富。

李老师：以后你成了首富，我就是教首富的（笑）。好，哪个岛再来？

学生3：我们 I 岛是研究型的。其实我比较喜欢思考，我理想职业是当一名哲学家，我大学准备报哲学系。为什么要报哲学系？其实我一直追求的生活是类似于陶渊明的那种生活："悦亲戚之情话，乐琴书以消忧。农人告余以春及，将有事于西畴。"就是跟亲人们谈谈知心话，使我高兴。内心比较忧愁的时候，看看书、唱唱歌什么的。农人告诉我春天耕种的时候到了，该去西边的田里耕地了，那么我就去

笔记栏

I 岛：深思冥想的岛屿。
岛上人迹较少，有多处天文馆、科技馆、博物馆及科学图书馆等，岛上居民喜好沉思、追求真知，常有机会和来自各地的哲学家、科学家、心理学家交流心得。

耕地。这种生活我是比较喜欢的。再例如南朝陶弘景有首诗我也觉得特别好："山中何所有，岭上多白云。只可自怡悦，不堪持赠君。"我觉得这种飘逸的情怀比较适合我。其实哲学嘛，是社会导向的作用，我们有世界观，还提供方法论。我有一个理想，一直想为我们林州人民做点事，特别想振兴我们林州的教育事业。对，河南省的，因为我们河南 985 大学基本上算没有吧，而沿海城市那么多，我内心感到很不舒服。所以我就想自己建一所只属于我们河南人、林州人的大学，建成世界一流水平，为我们河南的教育事业做出自己的贡献。好，就这些。

李老师：他这个大学建成了，你们的子子孙孙就有福了。来，再鼓一次掌。

学生 3：谢谢大家。

李老师：这是一个爱诗的同学。有请你们岛的第二名同学。

学生 4：我个人比较喜欢独立工作，独立工作就是自己干自己喜欢的事，每天无拘无束，早上起来骑个小自行车什么的，就自己去上班，反正就是干自己喜欢的事。我没有上一位同学文学素养好，"世人皆醉我独醒"是我个人比较喜欢的一句话。其实我就是喜欢过自己喜欢的生活，不管有多累，多困难。另外我非常喜欢思考，宁愿坐下来在那儿发呆，就是想一个问题，我会想很长时间。但是我不喜欢到处跟别人说我想这个问题怎么怎么样。经过自己的思考之后，如果真的想不开了再说。对，这就是我想要的生活。

李老师：爱独立思考，喜欢独自解决，知道自己是处理问题的第一责任人。好，特别好，再次把掌声送给你。

李老师：A岛的我刚才看到了，A岛的是不是人数最多。

学生5：那我们希望我们岛可以多发言几个人、多说几句。

李老师：好，可以。

学生5：我先来。我之所以要选择A岛，是因为我爱自由，自由是每个人的向往。在A岛这种艺术型的岛，我们可以想象一下，20年后的自己，早上起来，可以随便穿一件衣服，然后和自己的那个她在海边漫步一个上午以后，来到一个餐厅，就是充满爱心的餐厅吃个午餐，晚上再进行一顿烛光晚餐，我认为这是很美妙的生活。我这个人喜欢浪漫，喜欢自由，也喜

笔记栏

A岛：美丽浪漫的岛屿
岛上充满了美术馆、音乐厅，街头雕塑和街边艺人，弥漫着浓厚的艺术文化气息，居民保留了传统的舞蹈音乐与绘画，许多文艺界的朋友都喜欢来这里寻找灵感。

欢自我表达。我希望在人前可以展示自己，展示自己的能力，也展示自己的语言表达水平，所以我要选择 A 岛。而且我也喜欢写作，喜欢写诗，我长大的理想是当一个兼职者，那么我的第一个兼职就应该是诗人，我想当一个诗人。我既想有李白那种豪放、洒脱，也想有苏轼的那种旷荡，更想要陶渊明的那种物外与我都无关的那种舒适，就是既有李白那种"黄河之水天上来，奔流到海不复回"的大气，也有苏轼那种"寄蜉蝣于天地，渺沧海之一粟"的旷荡，虽然自己渺小，但是依然要向上。所以我想当一名诗人，我认为 A 岛适合我，我也希望更多人选择 A 岛。

学生 6：我们都看到 A 岛是艺术型的，我的理想也是将来能从事设计工作，具体设计什么现在还没有想好。因为我比较喜欢创造，脑洞比较大，我喜欢把一些突发奇想的新奇的东西付诸实践，并且大部分都会坚持下来。还有我看到这上面从事这些职业的人都是富有艺术性、创作性的，我认为一般他们的个性都会比较独特，这种人都比较有意思。我又喜欢认识更多有意思的人，那种感觉是比较奇妙的，所以我选择 A 岛。

学生7：大家看A岛的这些职业都是自由职业，不像其他的岛屿，都得每天上班下班，做着同样的工作。我也是个向往自由的人，每天可以去自己想去的地方，画一些画，或者照一些照片，记录一下，所以说我选择了A岛。它是特别慢节奏的，不像北京、上海那样，路上的人都走得特别快，所以我就超级喜欢A岛。

李老师：我只想跟走上A岛的人说一句，以后你们去哪，带上我行吗？

学生：好！

李老师：谢谢！接着下一个。让她先来。

学生8：我本来觉得哪个岛都挺好的，但是我觉得S岛更具有人情味。因为这里居民都和睦相处，而且交流比较多，还特别重视教育。我觉得这个对咱们国家的发展是特别重要的，所以我选择S岛，希望别的同学能更加关注我们S岛。

学生8：我和她选择的都是S岛。我觉得这个岛可以和别人更多地交流，接触各种各样的人，他们有各种各样的性格，通过和其他人接触，磨合自己，把自己磨合成可以和各种各样的人相处。我们这个岛是友善亲切

笔记栏

S岛：友善亲切的岛屿。
岛上居民个性温和、十分友善、乐于助人，社区里的人互相关心、互相帮助、重视教育、关怀他人、充满人文气息。

的岛屿，我觉得如果社会中每个人都特别友善地对待对方，这个世界就会变得很美好。我想做一名教师，我觉得我可以努力学习知识，把我学到的知识再传授给更多的人，不断把这种知识传播下去，我觉得我们的教育事业就会变得很强大。

李老师：好。来，把话筒给这位男生。

学生9：其实在选择岛之前，我是比较犹豫的。因为我的理想是当一名研究型人员或者是科技制造者，我觉得我们国家需要这方面的人才，而且我也很愿意做。但是看到 I 岛上面写着人迹罕至，所以我就放弃了。因为我觉得参加工作后，周围如果没有一个比较好的环境，会十分影响你的工作的。然后我看 S 岛，这个 S 岛是一个社会型的，也就是一个社会岛。因为我们每个人都生活在社会里，其他各个岛屿的同学谈论的都是工作上面，但是我们做什么工作都必须在社会里面进行。这个 S 岛就是提供了这样一个环境，我们社会未来一定会发展成为和 S 岛相似的社会环境，而且还有 R 岛这位寻找理想社会的朋友，可以来我们 S 岛，S 岛就是理想社会的一个缩影。

学生10：我选择的是 E 岛。E 岛只有三个人，他们可能都觉得 E 岛里的都是企业型的，都太格式化了。但是我觉得这样格式化的很好。因为你们每天上班下班，当一个企业管理者，有自己每天的特别合理的安排，交往的也都是一些高层人士，说话谈吐都很有修养，你会从中学到很多东西。下班以后都是出入高级酒店、高级俱乐部等。因为 E 岛的人都是有钱人，去其他的岛都可以。所以企业型的 E 岛欢迎你们赶紧加入我们。

学生 11：我选择的是 E 岛。有一句话是"你有钱不一定会快乐，但是没有钱一定不会快乐"。就是说我们在 E 岛上有自己合理的安排，首先工作中是快节奏的，工作完之后可以慢节奏，这样快慢节奏交换着，就可以有更好的生活。我们是领导，可以领导别人走向成功。

李老师：好。这个男生虽然声音不太响，但是说的话却掷地有声，这两句话大家可以在课下一起讨论一下。E 岛还有人分享吗？没有的话，就到我们最少人的 C 岛了，都过来看看。

学生 12：大家好，我是来自 C 岛的，我踏上 C 岛是因为我是一个比较喜欢有秩序和固定工作的人，不喜欢生活一直变动。还有我比较喜欢现代化，所以我选择了 C 岛。有没有人愿意

笔记栏

E 岛：显赫富庶的岛屿。

岛上的居民善于企业经营和贸易、能言善道，岛上经济高度发展、处处是高级饭店、俱乐部、高尔夫球场，来往者多是企业家、经理人、政治家和律师等。

C 岛：现代、井然的岛屿。

岛上建筑十分现代化，是进步的都市形态，以完善的行政管理、金融管理见长，居民个性冷静保守、处事有条不紊、善于组织规划、细致高效。

笔记栏

来我们 C 岛？S 岛、R 岛还有 A 岛都比较落后。

学生：没有。

李老师：刚才大家都是畅所欲言，都深深地体验了一把自己站到这个岛屿上之后的这些感受，是吧。好，今天 50 分钟时间，很快就过去了，但是大家追求理想的脚步才刚刚开始，咱们的目标越明确，努力获得的成效就会越大。通过本次班会，我相信大家以后的人生路上会更好地把握自己的航向，早日踏上你们心中理想的岛，好吧？

总结、祝愿。

学生：好！

李老师：咱们今天的班会到此结束，同学们再见！

三、课后督导

本节课的督导由韦志中老师带领学校的心理老师们展开，先由老师们从评课的"8 个维度"发表观点，再由韦老师总结点评。

（一）教师心理资本组

A 老师：我主要从教师心理资本的无私奉献精神、自信、乐观、希望、坚韧、价值感、职业的幸福感 6 个维度来解读李老师的课。

首先，李老师无私奉献的精神是毋庸置疑的，"当仁不让、舍我其谁"地选择难课题，并且能像大姐姐一样和同学们相处，融入班集体和课堂中。

从李老师的笑容、语气、表情，我们都能感觉到她今天比昨天上的课放松，这些都是自信的体现。但还有一点点欠缺，我发现李老师的步伐左右摇摆，身体有晃动的感觉，语气也有断续的现象。

乐观方面，她对同学们的分享一直都是以积极、鼓励的态度回应，当有同学说得精彩时都会及时送上掌声。

还有李老师不断强化孩子们心中对幸福和理想的追求，这种价值观的种植非常可贵。

B 老师：总体来说，李老师这节课各个方面都蛮好的，包括她的心理资本。不过可能是李老师最近的事务比较繁忙，准备不太充分。比如在学生分享时，话筒传递中间李老师只是轻松地一带而过，就没有像韦老师说的抓住那个点进行升华，把你的价值观给加进去。

还有就是，李老师一开始做的冥想，花的时间还是蛮长的，如果在这个地方做一个更深层的连接就更好了。

（二）课堂动力组

C 老师：在互动方面，我感觉李老师今天的讲课比昨天优化了很多，比如"悄悄话"环节，新颖有意思。另外，整节课下来，李老师把课堂把控得很均衡。

D 老师：我从两个方面来谈这节课的动力，一个是温度，一个是均衡。

课堂的升温是自然而然的，并且温度上来之后就一直保持到结束，过程中同学们自发的掌声不断，很有氛围。

均衡方面，李老师对个体、小组、整个班级都有关注并照顾到，特别是她不止一次地提醒、强调说男女生可以打破界限交流。只有一个孩子选择了 C 岛，李老师注意到了，过去跟他做了单独的交流。而且在最后，这个男孩为自己代言时，李老师走到他跟前，大家都一拥而上，不仅让他没有孤单的感觉，反而有成就感吧。

（二）过程的"三位一体"组

E 老师：昨天韦老师说，老师本身要对传递的观念十分清晰。我非常赞同。今天的课我感觉李老师在认知方面还是不够清晰。比如给出的各个岛的信息不够完整全面，没有考虑到孩子们尽管现在选择了自己的一个大致方向，但其实他们是会发展变化的。我认为在上课之前应该有一个澄清。体验的过程中，孩子们的参与度都很高，后面进行得很顺利。

F 老师：从认知的角度说，我觉得李老师的教学目标很明确，首先从题目上就给大家一个认知。

其次整个课堂以体验为主，学生的体验都很到位，他们的发言我听得感触很深。孩子们都心存高远，对自己、对家乡、对国家的未来都有着很大的理想，并肯为之去努力，我仿佛看到了这些孩子们今后光辉的前景，我真的很钦佩、羡慕他们，看来李老师这节课真的将理想的种子植入了他们的心底。

（四）角色的"三位一体"组

G 老师：老师角色的三位一体就是"时而在前，时而在后，时而在左右"，我感触最深的有两点。

第一点，同学们 20 年后一日游归来之后进行了讨论，此时李老师起到了"陪伴在学生左右"的作用。我观察到李老师共参与了4 个小组的讨论。第一组她注重了聆听，没有发言；第二组和第三组，她跟大部分同学都有交流；第四组可能因为时间关系，只和其中一个人进行了短暂的交流。我觉得这个陪伴非常好。

第二点，小岛的代表在发言时，旁边在听的同学似乎不够专注，我觉得李老师这时候应该在学生背后起推动的作用，让同学们注意听不同的观点，也是一种尊重，但李老师一直只是陪伴在发言的同学那里，没有留意到周围。另外，S 岛的一个同学在分享时，李老师可能是特别地注重了倾听，用耳朵对着讲话的同学，而眼神就飘向了别的地方，我感觉这个场面不太和谐。

H 老师：这节课李老师带领学生畅游未来，我觉得水平很高，尤其是角色的三位一体做得特别好。

"悄悄话"环节，同学们三三两两地交流了自己的理想职业，有了一个初步的印象。然后李老师在前面引导同学们冥想，逐渐加深他们对自己未来职业的印象。到了"霍兰德兴趣岛"环节，李老师真正起到了陪伴左右的作用，让他们尽情地去分享。孩子们分享完，李老师最后站在高处，画龙点睛地总结升华，结束了这堂课，是比较完整的。接下来就靠同学们努力去到达自己理想的岛上了。

（五）教学效果的最大化组

I 老师：我一直关注全场的每一个学生，反而不太清楚李老师讲的是什么。

一开始进场的时候，所有的学生自发地坐好了之后，就开始组织唱歌，大家心情很放松。说明他们已经认同李老师这个场了。

接下来就是每一个环节中，学生都有发自内心的喜悦，我都看在了眼中。刚开始的时候还是有一点点紧张的，因为他们知道后面有人看着他们。但是后来掌声响起来的时候，情况不一样了，接下来的他们的面容就自然了，笑容就绽放了，这时心门也就打开了。

最后李老师总结说"目标越明确努力就会越有效果"，我感觉同学们就豁然开朗了。所以我认为这是非常成功的一节课。

J 老师：听了李老师的课，第一个感受是干净利落，一分钟直入主题，主题非常明确。

第二个感受是环环紧扣。通过冥想，能够澄清 20 年后的你是个什么的样子。然后就到了选岛，李老师有一句话，我记得特别清楚，她说："你想好了，可能上了这个岛一辈子就下不来了。"我想就是进一步向学生澄清你的理想是什么？然后 13 分钟的分享中，富翁出现了，教育家出现了，教师出现了，还有一个学生，他一个人在那儿，坚定地一个人。这些人都出现了，我觉得真的是非常好。但是我有一点不明白，就是李老师说："选出你最喜欢去的那个岛和你最不喜欢去的那个岛，分享一下。"最后最不喜欢的岛并没有分享，我觉得如果时间允许，加上最不喜欢的岛的分享更能明确同学们的目标。

第三个感受就是，这堂课应该说圆圆满满地完成了，我们站在教育最大化的角度，就是知道、体验到、悟到三大目标已经完成了。

（六）技术组

K 老师：好的方面大家都看到了，我就说说我在技术层面想到的一些建议吧。

（1）在开始的时候让学生进行放松、冥想的时候是不是放点背景音乐会更好呢？

（2）在学生去转转、看看这 6 个岛屿的时候，可以找学生把每个岛的内容朗读一下，或者说老师来朗读一下，先给学生一个初步的印象。

（3）霍兰德的兴趣岛的目的就是帮助学生发现自己潜意识的东西，以便更好地选择未来的职业方向。最后我们是不是可以呈现每个兴趣所指向的职业方向，这也是对技术的升华。

（4）可以有个课外拓展，让学生课后了解每个兴趣所指向的职业。当学生了解他所感兴趣的职业以后，他是否还会在这方面执着呢？我想有些人会改变的。

L 老师：李老师的霍兰德兴趣岛与课题很匹配，但我也很赞同 K 老师的建议，做课堂的延伸是需要的，让学生去做细化的了解：他最喜欢、最想从事的职业到底有哪些特点？我记得一个孩子说他希望做一个技术型的人才，喜欢慢节奏的生活，但是他真正了解要做一个技术型的人应该付出哪些努力吗？这些方面需要强化。

（七）韦志中老师总结

我为李老师写了一首打油诗，以概括我对她及她的两节课的评价：敢啃硬骨头，勇于冲在前。一颗干净心，两手做准备。脚踩风火轮，登上新峰顶。

"敢啃硬骨头，勇于冲在前。"上次的异性交往主题班会课是硬骨头，这次的职业规划主题班会课也是一块硬骨头。职业规划，都还没到来的事情从何去谈起呢？眼前还有焦虑和困境，怎么展望未来？但李老师两次都为大家展示了成功的课堂，我们来回顾一下她是怎么做到的：总体上，她用时间线的概念去策划她的技术；具体方法上，她用冥想技术将学生带入体验，用理想这一品质作为定海神针，直接在未来世界夯上一个矛。这些根本性的、基础性的东西都具备了，生涯规划课也就成功了一半。

"一颗干净心"指的就是李老师的务实，不会为了门面、为了得高分、为了让别人记住自己等私心而表演，而是尽量让学生有更多的机会去体验、感悟。作为一名老师，尤其是心理老师，我们一定不要自欺欺人，要保留自己正确的价值观，形成一套自己的教育方法，不需要去制造一个空中楼阁，说了半天废话却没有干货和实际工作。这就是"吹气球的人"和"做雕塑的人"的区别，气球吹得再大，别人一根针就扎破了，而细致的雕塑却越看越有内涵。

"两手做准备"指的是李老师准备得全面和充分。整节课下来，既有技术主导也有导师主导，也不乏动力主导。技术方面，以霍兰德兴趣岛这一科学的心理测验为主，不仅与课题匹配，还加入了自己的创新，使得课堂整体性很强。导师方面，李老师有效地将学生带入情境，引导思考与讨论，渐渐地课堂升温、氛围形成后就成了动力主导，学生都积极投入，导师只需陪伴在左右，流畅而和谐。还有，从昨天"YES""NO"两个牌子和今天 6 个岛的墙贴，都可以看出李老师做事认真，不是随随便便、没有把握就开课的。

最后，"脚踩风火轮，登上新峰顶"。经过上面的分析，所以这句不仅是我对李老师的祝福，我是真的看到了李老师成为优秀心理老师的潜质。再简单概括李老师这节课的优点，就是认真准备、技术独特、气质优雅、目标明确。能有李老师这样的学员，我骄傲！

四、附：霍兰德职业兴趣岛测验（完整版）

如果你必须在 6 个岛之中的一个岛上生活一辈子，成为这里岛民的一员。你第一会选择哪一个岛？

R：自然原始的岛屿

岛上的自然生态保持得很好，有各种野生动物。居民以手工见长，自己种植花果蔬菜、修缮房屋、打造器物、制作工具，喜欢户外运动。

I：深思冥想的岛屿

有多处天文馆、科技博物馆及图书馆。居民喜好观察学习，崇尚和追求真知。常有机会和来自各地的哲学家、科学家、心理学家等交换心得。

A：美丽浪漫的岛屿

充满了美术馆、音乐厅，街头雕塑和街边艺人，弥漫着浓厚的艺术文化气息。居民保留了传统的舞蹈、音乐与绘画。许多文艺界的朋友都喜欢来这个地方找寻灵感。

C：现代、秩序井然的岛屿

岛上建筑十分现代化，是进步的都市形态，以完善的户政管理、地政管理、金融管理见长。岛民个性冷静保守，处事有条不紊，善于组织规划，细心高效。

E：显赫富庶的岛屿

居民善于企业经营和贸易，能言善道。经济高度发展，处处是高级饭店、俱乐部、高尔夫球场。往来者多是企业家、经理人、政治家、律师等。

S：友善亲切的岛屿

居民个性温和、友善、乐于助人，社区均自成一个密切互动的服务网络，人们重视互助合作，重视教育，关怀他人，充满人文气息。

你最想去的岛屿是哪个呢？

然后，在剩下的 5 个岛屿中你最想去的是哪个呢？在剩下的 4 个岛屿中你最想去的是哪个呢？依次写下来：

1.＿＿＿＿＿＿＿＿＿＿＿＿＿＿＿＿＿＿

2.＿＿＿＿＿＿＿＿＿＿＿＿＿＿＿＿＿＿

3.＿＿＿＿＿＿＿＿＿＿＿＿＿＿＿＿＿＿

最后，你最不想去哪个？

测试分析

6个岛屿代表着6种典型的职业生涯兴趣类型（其中，第一个是主要兴趣，第二、第三个是辅助兴趣）。它们的描述以及矛盾关系如下：

A岛——艺术型（Artistic）vs C岛——常规型（Conventional）

E岛——企业型（Enterprising）vs I岛——研究型（Investigative）

R岛——实用型（Realistic）vs S岛——社会型（Social）

问题1的答案体现了你最显著的职业性格特征、最喜欢的活动类型以及最喜欢（很可能是最适合）的大致职业范围。反之，问题4的答案则是你最不喜欢的活动等。具体内容如下：

◆选择R岛

类型：实用型（Realistic）

总体特征：个性平和稳重，看重物质，追求实际效果，喜欢实际动手进行操作实践。

喜欢的活动：愿意从事事务性的工作，喜欢户外活动或操作机器，擅长有规则的具体劳动和需要基本技能的工作，而不喜欢在办公室工作。

喜欢的职业：制造业（木匠、农民、技师、工程师、机械师）、渔业、野外生活管理业（鱼类和野生动物专家）、技术贸易业、机械业、农业、技术、林业、特种工程师和军事工作（车工、钳工、电工、报务员、火车司机、机械制图员、电器师、机器修理工、长途公共汽车司机）等。

这类职业一般是指熟练的手工业行业和技术工作，通常要运用手工工具或机器进行劳动，这类人往往缺乏社交能力。

◆选择 I 岛

类型：研究型（Investigative）

总体特征：自主独立，好奇心强烈，敏感，并且慎重，重视分析与内省，爱好抽象推理等智力活动。

喜欢的活动：处理信息（观点、理论），喜欢智力的、抽象的、分析的、推理的、独立的任务。

喜欢的职业：实验室工作人员、生物学家、化学家、社会学家、工程设计师、物理学家、程序设计员、天文气象学者、药剂师、动物学者、科学报刊编辑、地质学者、数学家等。

这类职业主要指科学研究和实验方面的工作，这类人往往缺乏领导能力。

◆选择 A 岛

类型：艺术型（Artistic）

总体特征：属于理想主义者，具有独创的思维方式和丰富的想象力，直觉强烈，感情丰富。

喜欢的活动：喜欢通过艺术作品来达到自我表现，爱想象，感情丰富，不顺从，有创造性，能反省，喜欢写作、音乐、艺术和戏剧。

喜欢的职业：艺术型的人缺乏办事的能力，适合做作家、艺术家、摄影师、音乐家、诗人、雕刻家、漫画家、演员、戏剧导演或编剧、作曲家、音乐教师、记者和室内装潢专家等。

◆选择 S 岛

类型：社会型（Social）

总体特征：洞察力强，乐于助人，善于合作，重视友谊，热情关心他人的幸福，有强烈的社会责任感，总是关心自己的工作能对他人及社会做多大贡献。

喜欢的活动：喜欢社会交往，常出席社交场所，关心社会问题，愿为别人服务，对教育活动感兴趣。

喜欢的职业：这类人往往缺乏机械能力，适于做导游、教师、社会工作者、牧师、心理咨询员、服务性行业人员、福利机构工作者、公共保健护士等。

◆选择 E 岛

类型：事业型（Enterprising）

总体特征：为人乐观，喜欢冒险，行事冲动，对自己充满自信，精力旺盛，喜好发表意见和见解。

喜欢的活动：性格外向，爱冒险活动，喜欢担任领导角色，具有支配、劝说和言语技能。喜欢领导和影响别人，或为了达到个人或组织的目的而善于说服别人。希望成就一番事业。

喜欢的职业：这类人往往缺乏科学研究能力，适合做商业管理者、律师、政治家、福利机构工作者、旅馆经理、广告宣传员、营销人员、市场或销售经理、公关人员、采购员、调度员、投资商、电视制片人和保险代理等。

◆选择 C 岛

类型：事务型（Conventional）

总体特征：追求秩序感，自我抑制，顺从，防卫心理强，追求实际，回避创造性活动。

喜欢的活动：喜欢系统的有条理的工作任务，具有实际、自控、友善、保守的特点。组织和处理数据，喜欢固定的、有秩序的工作或活动，希望确切地知道工作的要求和标准。愿意在一个大的机构中处于从属地位。

喜欢的职业：这类人往往缺乏艺术能力，适合做会计师、银行出纳、簿记、行政助理、秘书、档案文书、税务专家、计算机操作员、成本估算员、核对员、打字员、办公室职员、统计员、计算机操作员、法庭速记员等。

第六节　班会 6：擦亮你的金字招牌

一、背景介绍

（一）积极心理品质

20 世纪末兴起于美国的积极心理学，是针对传统的心理健康教育把重心放在"诊断和消解痛苦"等问题上而提出要坚持积极的评价取向，强调人自身积极因素和潜能的开发主张。塞利格曼认为，二战后"众多心理学家几乎不知道正常人应该怎样在正常的条件下获得自己应有的幸福"。中国积极心理健康教育创始人孟万金教授曾指出，积极心理健康教育的核心任务是培养学生的积极心理品质，终极目标是奠基幸福有成人生。对青少年积极心理品质的发展而言，学校心理健康教育比临床干预覆盖面更大，成长性更强。

积极心理品质指与消极心理相反的、与积极行为有关的心理过程，包括幸福感、满意感、最佳状态、专注与投入、乐观与希望、感恩与宽容等认知和情感，它是人类的高级潜能，需不断练习才能学会并巩固。培养积极心理品质是积极心理健康教育的核心内容。研究证实，积极的心理品质有助于预防心理疾病和促使心理疾病的好转，更有利于培养高素质的人才，为未来社会的发展及个体幸福生活奠定坚实的基础。

官群、孟万金等在中国中小学生积极心理品质的结构与测量上取得了突破性进展，将中国中小学生的积极心理品质汇聚为6大维度15项品质，即认知维度（创造力、求知力、思维与洞察力）、情感维度（真诚、执着）、人际维度（爱、友善）、公正维度（领导力、合作力）、节制维度（宽容、谦虚、持重）、超越维度（心灵触动、幽默风趣、信念希望）。

（二）培养学生积极心理品质的意义

1. 积极心理品质的培养有利于促进学生个体健康发展

积极心理学主张挖掘人固有的积极心理潜力，通过培养个体这种积极的力量使其达到自我健康和幸福体验。从积极心理学的角度出发，培养引导学生发现自我的积极心理，会使学生养成在面对困难、挫折时，更多外归因，从而更加努力地朝好的方向转变，这样大大提高了成功的可能性，使学生提升自信心，培养坚韧不拔的意志，并不断在收获中获得成就感，促进学生个体全面健康地发展。

2. 积极心理品质的培养有利于创建和谐校园、社会环境

人是社会的主题，人的和谐是社会和谐发展的有力基础，只有保持积极的心理状态，才能建立和谐的情绪状态，进而与周围的人、事物、环境和谐相处。校园环境亦是如此，只有培养学生尊重他人、关心集体、积极参加各项集体活动、有集体荣誉感等积极品质，才能促进学生之间的良好交流，建立团结向上的班级，构建和谐舒适的校园氛围。

（三）团体辅导对中学生积极品质培养的作用

1. 团体辅导有助于中学生发展自我意识，对待自我更客观、积极

中学生在这一时期的自我认识与自我管理水平正处于混沌期，没有清晰的自我评价标准，如果只是单纯地给他们讲道理，说"追星"是不对的，"玩酷"没有价值，应该要好好读书等，这样的辅导效果是不佳的。在中学采取团体辅导时可以采取多以趣味性为主要特征的活动，促使学生积极主动地参与到活动来，减少他们对学校和家长的单纯说教的抵触情绪。团体辅导中的游戏都是带有主题和目的性展开的，其性质能使参与在活动中的中学生轻松体验游戏本身带来的愉悦，使他们可以更好地展现自己的特长、增强自我的意识，从而降低在实际学习和生活中遇到真实问题时所产生的压力。

2. 团体辅导可明显改善学生表达能力，促进人际交往，提高人际关系

团体辅导为中学生提供了与个体辅导相比更为具体的社会现实环境。将那些有共同特征和需求的人组织起来形成一个团队，在此基础上根据相同的需求展开团体活动，其活动的特点使参与者感受共性，并能够积极融入进去，鼓励学生积极发言，勇于表达自己的心声。通过一系列的团体辅导后，能使参加者更加自信地去主动和成员交往，并顺其自然地促进他们的人际交往。

3. 团体辅导对初中生自信心水平的改善

缺乏自信心的中学生对事物常持有否定态度，他们对自己缺乏信任，对集体没有归属感。而团体辅导为增强成员的自我接纳提供了充分条件。在团体辅导的初期阶段，会形成一种接纳包容的气氛，这样能使成员感受到被接纳，增加主体意识。在带有主题的活动中，团体辅导能针对性地提高中学生的自信心。团体治疗是针对一个班级的整体辅导，在活动中不仅仅是提高个人的自信心，而且更有利于提高中学生整体的自信心水平。

《中小学心理健康教育指导纲要》要求：对中学生的积极心理品质培养而言，要以"体验"和"活动"为主。教师可以通过设置灵活多样、丰富多彩的活动来进行积极心理品质培养，可以组织心理活动和其他活动，如心理训练、团体辅导、角色扮演、心理剧、游戏、讲故事、小品、辩论等；也可以组织各种文体竞赛和表演，如球赛、朗诵比赛、各种才艺表演（如歌唱、舞蹈、琴棋书画等）和文艺演出；还可以通过班会和社团活动，如升旗仪式典礼、主题班会、社团活动等。学校还可以联合家庭和社区开展对初中生有益的活动，如郊游、社会调查、社会公益活动；

还可以联合家长，通过亲子角色互换活动、帮助父母做家务或者解决问题，增进亲子间的沟通，培养积极心理品质。

本节课的"擦亮你的金字招牌"正是以体验式主题班会课的形式，结合心理学技术和活动方案，让学生在欢乐的游戏和自由的分享表达中得到积极品质的提升。

二、课堂实录

杨老师：亲爱的同学们大家上午好。

学生们：老师好。

杨老师：好，大家把现在状态调整为笑的状态，露出小白牙。好的，今天上午我将和大家一起度过一节美好的课程。我想问一下大家是哪个班的？

学生们：高一（11）班。

杨老师：多少人？

学生们：33 人。

杨老师：今天我们的课程是非常轻松和愉快的。这个过程中，我有几点要求，第一点是大家要认真听，不仅听我讲，而且还要听同学们讲，就是当同学们分享的时候，大家跟着一起听。第二点是一定要积极参加，参加得越多，你的收获越大。第三点是用心去体验，在这堂课程里，我们有一些体验的活动，体验的时候，你们一定要用心去感受自己当下的念头，心里的想法，包括你们情绪的变化，好不好？

学生们：好。

杨老师：好的，如果同意这三点的话，请用掌声给我回应一下。好的，非常棒。那么下面我们来做一个活动——进化论。我先讲一下这个活动的内容和规则，大家注意听，听不明白的问我。我想提问一下，如果让你来扮演一个鸡蛋的话，你会用什么样的身体动作来扮演？班长来。（学生扮演鸡蛋）是不是挺像的，掌声给他。好，那下面大家都扮演一下鸡蛋的形状。好的，都站起来吧。然后把椅子全放后面去，靠在后面的墙。我们一会儿的活动就叫进化论，大家都从鸡蛋开始进化。鸡蛋进化成什么？对，小鸡，小鸡怎么表演？这位同学你来表演试试？你认为应该用什么样的动作或者是肢体来表达小鸡？不知道啊，有没有自告奋勇扮演一下的同学？随便一个动作都可以。那还是班长吧，大家都看着你。会吗？也不会。我教你们，其实很简单，（做小鸡的动作）行不行？来，大家试一下，我看看。对，就是这样。小鸡再长大之后……

学生1：变成老鸡（笑）。

杨老师：但是我不让它变老鸡，让它直接变成凤凰好了。当然了，这可能有点进化的比较跨物种了。变成凤凰的时候你们把双手举起来表示，好不好？

学生们：好。

杨老师：从我们鸡蛋的形状变成小鸡，然后小鸡又长成凤凰，这就是进化。怎么进化呢？我们首先来划分一下区域。一开始大家都是鸡蛋，都挤在空调这个角落。然后大家要通过"石头剪刀布"，赢了就进化，升级到那个角落，那是小鸡的角落。继续"石头剪刀布"，又赢了就可以跑到摄像机那个角落变成凤凰，记得高举双手。但是如果你输了就要退回去变回鸡蛋，接着努力，如此循环往复，直到我喊停，明白了吗？

学生们：明白。

杨老师：我就在这儿等着你们，我看谁进化成凤凰了。好的，我们现在开始。这位同学你悄悄说什么呢？

学生2：鸡蛋不能退化了。

杨老师：对，鸡蛋肯定不能了，到最后鸡蛋输了也没法变成其他的了，明白了吗？好，大家都到角落里去。活动开始。快一点，加油，加油，快一点。（留两分钟给学生活动）好，停。有一群凤凰，几只小鸡，还有两个鸡蛋没孵化出来。我想采访一下这几位"小鸡"，为什么没有进化成凤凰？有什么感想？

学生3：输了。

杨老师：愿赌服输是吗？

学生4：嗯。

杨老师：你呢？

学生5：也是输了。

杨老师：你呢？

学生6：也是。

杨老师：你呢？

学生7：我也是。

杨老师：（走到"鸡蛋"面前）这有个很奇怪的现象，你们两个是怎么回事呢？

学生8：在"小鸡"那儿输了两次，就又回来了。

杨老师：你呢？

学生2：没有赢过。

杨老师：看他多倒霉，一回都没有赢过（笑）。好，那下面我们再来第二次。这次我要记时间，在两分钟之内，看有多少人变成凤凰。来，全部回来这边。预备……开始。（留两分钟给学生活动）好，给大家加一个难度，鸡蛋、小鸡、凤凰，最后变成谁？到这儿变成人了。重新回来，这次限定一分钟之内。快点，开始。（留一分钟给学生活动）好，时间到。我采访一下，变成人的特别多，你们是怎样成功变成人的？

学生9：失败好几次，最后成功了。

杨老师：什么感受？

学生9：有些高兴吧。

杨老师：非常高兴。你呢？在这个过程里面有什么感受？

学生10：一不小心就输了，要重新开始，然后感觉……不知道怎么说。

杨老师：好。你呢？

学生11：就是不断地输，也有赢，这样子过来。

杨老师：感受呢？

学生11：赢了肯定觉得有点高兴，但是输了的话有点后悔，为什么要出这个。

杨老师：采访一下这两位凤凰，看他们有什么感受？

学生12：就是从鸡蛋变成小鸡变成凤凰，继续回去，一直重复这个过程。

杨老师：什么感受？

学生 12：先心里特别高兴，又特别后悔自己为什么出了石头、布的。

杨老师：内心还有一些激动是不是？

学生 13：也有失败，也有赢。

杨老师：你的感受是什么？

学生 13：有点不甘心吧。

杨老师：有点不甘心，一定想要进化是不是？好。这边变成小鸡的也是两位同学，给他们点掌声好不好？

学生 14：变成凤凰之后又回到鸡蛋。

杨老师：心里什么感受？

学生 14：不甘心。

杨老师：但是你也赢过了鸡蛋，是吧。你的感受？

学生 15：到最后时间快没的时候，连输赢的机会都没有了。因为当时只剩我一个人了。

杨老师：最后感觉？

学生 15：最后感觉也是赢过吧，毕竟没有输得彻底。

杨老师：曾经赢过，但是有一种紧迫感，一看还剩一两个人的时候，觉得怕没有进化的机会了，是不是？

笔记栏

通过提问，帮助学生发现积极品质。（尽量让每个学生都有发言的机会）

学生15：对。

杨老师：掌声给他，特别好。现在我要采访一下鸡蛋，这群鸡蛋。大家往前来，这次鸡蛋还比较多，我们来听听他们的感受。你来说说你的感受吧。

学生16：一直在鸡蛋和小鸡之间，从来没有到凤凰，就是虽然一直失败，但是一直努力。

杨老师：这点很好，他说我虽然一直失败，但是我一直在不断地努力，是不是应该给他点掌声？特别棒。来，这位同学。

学生17：我输了很多次，还有这位朋友一直在这儿，我觉得他比较孤单，我就想来陪他，没想到最后来这么多人。

杨老师：大家觉得他有一种什么样的性格或者是特质？

学生14：仗义。

杨老师：说得好，给他点掌声。

学生18：我感觉到特别不甘心，因为每次一到凤凰的时候就又回来了。

杨老师：你觉得这是一种什么品质？

学生18：我们应该坚持。

杨老师：你也是输了好几次。是一直在鸡蛋这儿吗？

学生 18：不是，一到凤凰就回来了。

杨老师：你看他已经进化成凤凰了，又从凤凰到鸡蛋这儿了，真是不容易，但是他还一样在坚持。

学生 7：我就是赢过，也输过，很享受这个过程。

杨老师：你认为自己这是一种什么样的性格？我也赢过，我也输过，但是我很享受这个过程。

学生 7：很乐观吧。

杨老师：给她点掌声。好，这位同学，你来说说。

学生 19：我是从凤凰到小鸡再到这里，从中经过了很多次失败，但是很享受这个过程。因为有输有赢是人生不可避免的，所以说我不是特别伤心的。

杨老师：不是特别伤心，你觉得这是一种什么样的性格？

学生 19：我比较积极吧。

杨老师：这个很好。鼓掌。这里边有一个同学特别特殊，我就没看见他赢过，你们发现没？你叫什么名字？

学生 2：刘斌义。

杨老师：大家一定很拭目以待，想听听他到底为什么一直在这儿待着？

学生2：我把机会都给了他们。

杨老师：就是说你一直没有出手（笑）。

学生2：一直出布。

杨老师：刚才他说把机会都让给同学们，你觉得用个词来概括一下是什么？

学生19：无私。

学生2：没有（笑）。

杨老师：其实你内心里也是想赢的是吧？

学生2：对。

杨老师：我看到，大家都走了，就剩他自己的时候，他的脸部表情一直都是笑着的。内心虽然有些失落，但是表现得还是很乐观，是不是？其实他也是很想上进的，也没有觉得自己输了就是不行的。我觉得应该将更热烈的掌声给到他。好，大家围成一个圈，回到我这儿来。我问一下大家，在玩"进化论"过程中大家脑子里有没有想，它有什么启发？

学生20：我觉得重在参与，应该有乐观向上的精神吧。

杨老师：这一点很好，是不是？掌声给他。

学生21：我觉得胜者为王，只有更多的进

化才能强大自己，然后武装自己，打败别人。

杨老师：他的意思是说结果最重要，胜者为王。好，你来说说你的感受。

学生22：结果并不重要，重要的是参与，享受这个过程。

杨老师：保留不同的意见，你来说说你的感受。

学生23：就是输赢都要有，经历最重要。

杨老师：你呢?

学生24：我觉得只要坚持，最后还是会进化成人。

杨老师：他说坚持到最后一定会进化成人。你有这个信心吗?

学生19：有。

杨老师：给他点掌声。

学生25：经历了失败，最后才能胜利，由鸡变成人，不断地进化。

杨老师：你说说你的感受。

学生26：其实我觉得失败并不可怕，要坚持，过程也很重要。

杨老师：好，这位同学说一是坚持，二是过程很重要。你来说一下。

学生27：我觉得其实输赢并不重要，重要

的是自己一定要坚持下去，就是不断地努力，一定会成功。

杨老师：非常好。好的，我想听听这个活动过程给你什么启发？

学生 2：重在参与。

杨老师：憋了好大一口气，最后说"重在参与"（笑）。掌声给他。大家把椅子拿来，围成一个圈坐到我这儿来，可以坐紧一点。好的，在刚才这个活动中，不仅大家情绪放松了，我也能够看到每一位同学不同的性格特点，包括你们自己所坚守的信念，对不对？你坚守的是什么？

学生 28：以乐观的心态面对这个游戏，我感觉这个游戏有点类似于面对人生，应该注重过程，不应注重结果。输赢其实根本不重要，重在参与，应该在失败中寻求方法。

杨老师：但是虽然我们说享受过程，过程很重要，结果不重要，其实我们还是希望有个好的结果，只要能够把过程做好了，结果是一定能够达到我们所想象的，是不是？好，在玩的过程中，我发现大家都表现出了自己身上的特点、品质。我们今天的主题班会叫"擦亮你的金字招牌"，大家看一下。你们是怎么理解

解题。（澄清班会题目的含义）

这个题目的呢?

学生28:我觉得"金字招牌"类似于自己面对挫折的那种心态吧,或者说心理、个性。

杨老师:你怎么理解呢?

学生29:我认为就是把自己的优点或者优势给突显出来,就能在比赛中胜利吧。

杨老师:这位同学着重理解的是"擦亮",是不是?就是把自己突显出来。你怎么理解呢?

学生3:和他一样。

杨老师:还有没有同学,你怎么理解?

学生8:我和他们一样。

杨老师:有没有不同的呢?比他理解更深的?

学生11:我觉得应该善于表达自己的优点和长处,然后发掘出来,不应该只看自己的缺点。

杨老师:非常好。说到这儿,我想到,咱们中国现在提出了24字核心价值观,大家记得不记得,会不会背?背背看我听听。

学生们:富强、民主、文明、和谐、自由、平等、公正、法治、爱国、敬业、诚信、友善。

杨老师:我们国家把这24个字作为核心价值观,你们怎么理解这个"核心价值观"?

学生5:就是把这些原则都当成做事情的根

笔记栏

从"核心价值观"中的积极品质谈起(国家、民族层面),一步步细化到个人,让学生更好地理解"金字招牌"的含义。

本，以这个为基础。

杨老师：好，也就是说，这24字核心价值观是我们中华民族所坚守、所倡导的，也是从我们中华民族人民身上提炼出来的。那么这24个字中，你认为你对哪一个最有感觉，比如说诚信，说一说你是怎么理解它的？谁想回答一下？

学生30：我觉得首先应该是诚信，只有你讲信用了，别人才会相信你。也不能自己欺骗自己，就是自己要清楚自己的境况，不能自欺欺人。

杨老师：好，请坐。还有吗？

学生27：我觉得友善比较重要，就是人与人之间的相处应该是平等的，对待别人要友善。

杨老师：对，"友善"是我们中华儿女身上其中的一个重要品质，与人为善。你来说说。

学生10：我觉得为人处世，还是诚信在第一位，比如你长大之后干什么事情一定要诚信，对人诚信之后才会有更大的收益，过更好的人生。

杨老师：非常好，她谈的是诚信。还有什么词语呢？你来说说。

学生16：我觉得公正、法治也比较重要。现在我们国家是一个比较公平的国家。

杨老师：好，请坐。公正法治的国家给我们所有人民带来了更多展现自我的机会。

学生 7：我觉得作为一个中国人，最起码、最基本的应该是爱国。

杨老师：对，我们是中国人，中华民族的其中一个优良品质，就是要爱国。别的民族也一样，也要爱他们自己的祖国，对不对？好，非常好，请坐。还有人谈谈其他词语吗？

学生 13：我觉得友善比较重要，另外就是可以平等相待，这个社会才会比较好。

杨老师：她觉得友善很好。你觉得呢？

学生 20：我觉得法治比较好，我们国家是一个法治国家，因为有法律的存在，我们国家才能够很好地发展下去。

杨老师：法治使国家有序发展，请坐。好，刚才同学们说到，比如诚信友善这些都是我们中华民族所具有的核心的美德。我们再把范围缩窄一点，我们国家有 30 多个省，每个省的人民他们的特点都不一样，他们所倡导的体制也不一样，是不是？比如说广东提出"厚于德、诚于信、敏于行"的新时期广东精神，闽南地区商人比较多，他们在全国各地、世界各地去走，所以他们身上最重要的是什么？要诚信。敏于行，就是敢于去做。那么咱们河南人呢？大家觉得咱们河南人有什么特点？勤奋、憨厚朴实，还有吗？善良，还有正直、坚强、文明。我们河南省原来有一位书记曾经说河南人是平平凡凡、朴朴实实的。河南在外地打工的人特别多，林州是不是也是？对，很多人到外地打工。他们看着很平凡，但是其实朴实，为人处事的时候特别能够用心，真诚与人交流。河南人也是吃苦耐劳的，有没有？

学生们：有。

杨老师：对，例如你看咱们林州的红旗渠，是全世界都有名的。这是吃苦耐劳、不满足于现状的林州人创造的，咱们能够在恶劣的环境中，为幸福的生活开辟一条道路，是不是具有这样的美德？从国家说到河南省，再到林州，那么再往下走，我们来自不同的家庭，不同的家庭也有不同的特点对不对？

学生9：家风。

杨老师：说得太好了，家风。我们每一个家庭都有一个家风，那么你想想，用几个词语概括一下你家里的家风。

学生19：雷厉风行。

杨老师：好，这位同学说是"雷厉风行"，

你能给同学们解读一下吗?

学生 19：我记得我小的时候做事特别腻，我爸就嫌我慢，就经常说我"你怎么做事那么慢？你们老师怎么教你的？做事拖拖拉拉的，以后怎么成大器？"然后他就教我要"雷厉风行"。从此我做事速度也快了。但是做事速度快有个缺点，就是不细心。各方面比如吃饭、玩、学习，都比较快，就是马马虎虎，不仔细，养成这种特点。

杨老师：有点马虎，雷厉风行，是不是？

学生 19：对。

杨老师：这是她家的家风，但其中有一句她爸说的话我不赞成，说"你们老师怎么教你的啊？"（笑）怎么都是老师教的呢？不一定，是不是？有的时候是家里的父母教的，是不是？好，请坐。大家想想你们的家里是怎么样的？你说说。

学生 27：我们家都是比较爱读书的，因为我爸爸妈妈都是教师，然后闲着没事的时候都会在客厅里读书，营造了一种气氛，我闲着没事的时候也会去读。

杨老师：非常好，比较重视教育，比较喜欢读书，有文化气息，请坐。你们家呢？

学生 31：我们家的家风就是一家人都是很善良的，像我爷爷奶奶他们都会主动去清扫小区里的垃圾，我父母也会帮助邻居们，有时候就是社区里面组织活动，大家都会去帮助其他人。

杨老师：善良，乐于助人，真的特别好。你们家呢？

学生 15：我感觉我的爸爸妈妈人特别善良，他们教我做一个正直的人，他们用自己的行为来感染我，虽然没有说用很多言语来教给我做一个怎样的人，但是潜移默化中，我就越来越规范自己，做一个好人。

杨老师：非常棒，请坐。那么每个家庭的家风不一样，同样我们生活在不同家庭，每个人也就会有不同。大家看过唱戏的，比如说京剧里，有一个角色后面是插着好几面旗帜的。我们每个人就好比这个角色，后背上都插着几面自己的旗帜行走在人生道路上，虽然它们是无形的。这些无形的旗帜就是个人特点，就是你的金字招牌，要带着它们行走一辈子。如果你的金字招牌是亮的，就会吸引更多的人来跟你做朋友。比如这个人是勤劳的，我喜欢跟勤劳的人在一起；这个人爱读书，我也喜欢读书；

这个人比较活泼开朗，我跟他一起很开心。那么下面我就请大家仔细地思考，在自己身上找出三个积极的品质，也就是我们的金字招牌，然后写在你的本子上。好，你来分享一下。

学生31：我觉得首先我是一个很乐观的人，在场的同学们可能都知道。我很公正地对待每一个同学，我也很乐于助人。

杨老师：所以你当班长了。你来说说你的。

学生22：我写的是乐观、同情心和自尊自立。因为我觉得一个人最起码要自尊，别人才会尊重他，所以说我认为自尊是最重要的。

杨老师：好，你写的是什么？

学生17：我写的是乐观、正视挫折和爱护公物。因为比如说考试不好，我不会特别在意成绩。我重视的是我从这次考试中学到了什么，我觉得爱护公物很重要。有时候广场上的座位全都是脏兮兮的，就觉得坐不下去。所以我觉得爱护公物很重要。

杨老师：非常好，请坐。

学生12：我写的是善良勇敢、活泼开朗。因为有一次我不小心把别人的东西弄坏了，就是考试的时候，然后我给他留了一张纸条说对不起，如果需要的话，我可以赔偿你。第二天我

笔记栏

每个人身上都有积极品质，善于发现自己的积极品质。

笔记栏

发现他也给了我一张纸条，上面写着"没关系，我很佩服你的勇气"。

杨老师：看来你的勇气让他非常赞赏，是不是？所以你也赢得了别人对你的尊重，非常棒，好，请坐。

学生21：我写的是善良、勤俭节约和坚强。

杨老师：好，非常好。大家都写好了。下面我给大家一张 A4 纸，大家把这张 A4 纸做成你自己的名片。对，在上面画、写都可以。这张名片当然是假设的，就是将来你走向社会也好，和同学相处也好，找朋友也好，或者是跟其他人交往也好，都可以让大家看到，这就是我身上所具有的金字招牌。先写上姓名，然后把你自己的 3 个品质写上，下面用一段话来写一个演讲稿，就是二三百字，不用多，向大家介绍自己。等会儿我会给大家一个机会，让大家来展示一下你自己。

（播放背景音乐，并留 5 分钟给学生设计自己的"名片"。）好，我看大家基本都写完了。大家应该都在边写边听我给大家放的这首歌曲，赵传的《给所有知道我名字的人》，我们每个人都有自己的名字，名字不仅仅是说你姓什么叫什么，而且还指你身上所具有的那种

★活动——
设计自己的名片
作用：
1. 树立信心（相信自己的积极面）；
2. 展示自己，让别人更了解你。

品德，对不对。好，下面我们先3个人一小组，就是你附近的3个人一小组，互相交流一下你刚才写的一段话。我看到有的同学还有画，画出了自己的名片，这个名片设计得特别好。好，交流过之后，我想听听你们的感受。你看了别人的名片后有什么感受，谁愿意说一下。你来说说你的感受好吗？

学生25：我觉得生活上，他有他的经历，他有他的感受。以我的角度来读他的生活的话，虽然我的感受和他有所不同，但是我想没有什么权利来评价他的生活。

杨老师：好，非常棒，也就是说你很尊重他的生活，是吧。好，请大家这边排成三排，秧田式的，这边也排成三排，中间留个过道，明白吗？

学生们：明白。

杨老师：好，抓紧时间，朝向我这儿。这边三列，中间留个过道。这是不是分成两大阵营了？男生这边，女生这边。来，你们后面五位女生到这边来，支援一下男生阵营。每个同学都写了自己的介绍或者说自己的小演讲稿，那我给大家一个机会，到我这个地方给大家分享，读出你自己的演讲稿，好不好？待会儿我会给放音乐，音乐声响起，你就从后面走上来，我们两个阵营的同学们要朝向他，他走在路上的过程中，你们要用特别热烈的掌声欢迎他，一直到他站在这里为止。谁愿意第一个？好，你先到后面去，站到摄像机那边。我刚才给大家说的记住了吗？好。我的音乐声响起后，大家一定要掌声对着她。

学生13：大家好，我叫兰云芳。首先，我要说的是我很积极进取，我是个精益求精的人。我知道自己不是天才，只是一个很普通的孩子。但是我相信我现在很优秀，并且我正在努力使自己变得更加优秀。其次，我是个谨慎、淡定的人，虽然只是在某些方面。比如说当某个情况很复杂的时候，我会把一切细节都留意到。当老师把我叫去办公室的时候，我会很小心观察他的表情还有言语，来分析下一步到底是喜剧还是悲剧。当考试的时候，人家都是在很努力地复习，但是我好像很淡定的样子，该干什么还干什么。所以一到考试的时候，就有人说我，你怎么这么懒。最后，我很乐于助人，我对待朋友从来都是真心的，当看到他们伤心的时候，我首先做的不是去安慰他们，而是先去找别人弄清楚他们到底怎么伤心了。然后再尽量避免在他们伤口上撒盐，所以说谨慎是很重要的。我觉得也许我只是一片平凡的叶子，但是却梦想着被制作成标本；或许我只是一朵普通的雪花，但却渴望得到亲吻。我始终相信不忘初心，坚持梦想的人都会得到最好的安排。我爱笑，我爱闹，我爱撒娇，如果谁是我的朋友，我还会缠着他不放。谢谢大家。

杨老师：非常棒。这位同学敢于表达自己，而且是第一位，特别勇敢。谁愿意做第二位同学？好，到后面去。还有谁愿意接上？赶快到后面去排队。音乐声因为盖不过咱们掌声，就不要音乐了，我们直接用掌声欢迎你入场。

学生31：大家好，我叫李浩龙。我的优点就是乐观、善于助人，并且十分公正。首先，我是一个乐观的人，我愿变成天上的星光，不惧怕太阳的强势，即使它将我掩藏，我愿在有我的黑夜，让黯然的夜灿烂发光。其次，我是一个乐于助人的人，我愿变成天上的太阳，不惧黑夜的来袭，即使它将我吞没。我也愿在我在的每一个白天，给人温暖，送人光明。然后我是一个公平正义的人，不愿将就所有的不良理念，不惧任何挑战与威胁，不怕是否伤害自己，我愿意在我在的任何时候，让人知道公平与正义没有被人遗忘。我愿意变成一个像熊一样的人，在没有危险的时候，我愿意默默无闻，冷了抱着可以取暖，饿了可以牺牲自己作为储粮。但是当危险来临的时候，我会站起来，不用怕，一切都有我。

杨老师：非常棒的一位同学。第三位同学，哪位？还有谁愿意展示一下？好的，我们欢迎她入场。

学生19：我是一名来自林州一中高一（11）班的普通学生。我在班里不怎么出色，学习成绩也不怎么好。但是我这个人比较活泼，这是众所周知的。然后平常有点"神经"。经过几个月的相处，我跟他们打成了一片，我觉得跟他们成为同学是一种缘分吧。班里的每一位同学都有他自己的特点，我觉得他们每个人都特别可爱。

杨老师：太激动了，她写的特别长，虽然她讲不下去了，但是我觉得应该把热烈的掌声送给她，好不好？真棒。虽然我们是短暂的同学，但是将来我们都会成为长久的朋友，对不对？所以大家更加应该去认识每一位同学的优点。还有最后一个机会，好不好？还有哪位同学愿意，自告奋勇。好，到后面去。因为是最后一位同学了，大家给他最热烈，最隆重的仪式，请大家都站起来，要给他最最热烈的掌声，好，开始。

学生 32：我是一位来自美丽农村的孩子。我有一位特别坚强的母亲，还有一位特别有同情心的父亲，他们的坚强造就了现在的我。我由于从小在农村长大，爱上了这种平淡却又不平淡的生活。我的理想有许多，最重要的就是想当一名村主任。我和家长说过，他们特别反对，但是我觉得我有自己的人生，不需要听家长的，虽然他们是好意的。我不知道这是不是任性。还有我想当上村主任以后，在村里改造，造福一方百姓。毕竟一个人富起来，算不了什么，要带着一群人富起来，这才是一个大目标。从小到大，父母把他们有的一切都给了我和妹妹，所以我希望长大以后我能有成就，能报答他们。他们其实都是农民，我妈就是一直在村里，我爸爸外出打工，虽然走的地方也挺远的，并不是去那里玩，而是为了生计去吃苦。如果我有钱了，一定会让他们享受，带着他们去他们想去的地方，不会让他们因为手头紧张而约束自己。

杨老师：这是一位有大爱的村主任，对不对？我相信他将来一定能成为村主任，他当村主

笔记栏

任的梦想不是为了荣耀，而是能够让更多的人富裕起来，过上幸福的生活，是不是？所以愿意跟这样的人交朋友的请到前面来，跟他握握手，拥抱一下。好的，回座位。因为时间关系，不能够有更多的机会让大家展示。如果每位同学都来展示，一定会令人感动。刚才这位同学在说的时候，我也看到有些女生都已经感动得流下了眼泪，我也很感动。最后大家来分享一下有什么感想和收获，好吗？哪位同学愿意说一下？

学生28：有一首歌说"小小的蜗牛也有大大的梦想"。刚才这位同学说要当一个村主任，他比较像这首歌中的蜗牛吧，虽然他的梦想非常小，但是他可以为它而坚持，为它而奋斗，不断地实现自身价值，走上自己的巅峰，实现自己的梦想。这是一种荣耀，这是一种伟大。然后我们不应该觉得这很搞笑，我们应该严肃地配合他，这是我的感想。

杨老师：好，感谢他，请坐。我们今天的课其实是希望我们每一位同学能发现自己身上所具有的积极品质，然后不断地去擦亮它。有时候我们在生活中有可能会疑惑，自己到底具不具有积极品质？可见，每个人都有的，并且，

结尾：重申班会主题与目标，并总结升华。

我们要在自己的学习中，不断地去擦亮它，让我们以后的人生走得更坚定，让我们的人生走得更积极。我们这个主题班会就到此结束了，希望能给同学们一些启发。（掌声）好，谢谢同学们，谢谢。大家把椅子放回去吧，大家回教室吧，谢谢同学们，再见。

学生们：老师再见。

杨老师：再见，孩子们。

三、课后督导

（本节课由韦志中老师进行督导）

对于本节课，我直接从优化和提升方面来切入督导，追求精益求精。不要小看"精"那一点点，奥运跳水金牌与银牌、铜牌的区别打分，就是动作优雅一点点、入水水花小一点点的区别，就是差那么0.1分的区别。我们的课也一样，你会的模式、技术我也会，但就是谁"精"那一点点，出来的效果就更好。

首先，用5句话概括我要说的就是：随性，但不能随意；轻松，但不能无序；专业，但不能艰涩；严谨，但不能顽固；动情，但不能煽情。下面请允许我一一解析，内容不仅仅是针对杨老师这节课。

1.随性，但不能随意

豪放、大方是杨老师的性格特色，所以她的课也是随性的，这是好的一面。但是随性得有个度，如果准备不充分导致乱了脚步，就变成了随意。这节课出现了一些不该有的随意，例如设置不清晰：让学生设计自己的名片，但是又说是写一篇演讲稿，也没有规定时间、字数，名片和演讲的性质是不同的。其实你要演讲就应该直接跟大家说："现在用你之前写的 3 个词语扩充为一个 300 字的演讲稿，5 分钟后请同学们来展示。"

2. 轻松，但不能无序

作为导师，不能紧张，端着是发挥不好的，可是过于放松就容易变成无序。孩子们写了半天的名片，导师却说"好，下面 3 个人一组互相交流一下。"我就在纸上写了 3 个字"可惜了"。不是看到一个学生画得特别好吗？应该抓住这个机会，让他分享分享啊，不能这么过去。要知道，班级分享比小组内分享达到的教育效果大。虽然后面有补救，实现了个人上台演讲，但是中间拖沓浪费的时间是完全没必要的。

3. 专业，但不能艰涩

我们都知道，给孩子喂药，要弄点糖配着才行。同理，上课涉及晦涩难懂的理论知识的时候，就要靠老师将这些知识转化成易懂的、有趣的形式，好让学生吸收消化，这其实就是教师心理资本的提升。不管上多么难懂的课，多么难啃的硬骨头，只要这个老师往这儿一站，都能把场给控制住。为什么甘草是药中之王？就是因为它不寒不热，还带甘，能和其他药百搭。所以，心理老师要多在实践中打磨自己，摸索出不仅限于理论的属于自己、别人无法效仿的特色。

4. 严谨，但不能顽固

我发现杨老师这节课零碎的东西有点多，不仅不严谨，也不流畅了，例如前面还让互相握个手，是没有必要的。无关紧要的东西就要学会"断舍离"，不然破铜烂铁都留着，搬家的时候不嫌重吗？让整节课干净利落一点，李老师这方面就做得比较好。

但是严谨要避免变成了顽固，变得不灵动了。例如，问话的方式要有技巧。"哪位同学愿意说一下？"往往就会卡住。其实只要直接说"咱们开始分享"。然后选一位同学，把麦克风递给他，他就会说了的，因为大部分人都是半推半就的心态，也许他不会主动发言，但麦克风到了嘴边他还是有准备了的，这样就能让课堂更流畅、更紧凑。

另外，做完"进化论"游戏，杨老师逐个问学生有什么感受，这里又太模式化了，都是重复问"你有什么感受？"我认为应该优化：（一开始，把知识点——"成长"带出来）同学们，大家都在成长的路上，成长不容易，今天我们就来做一个成长的体验。（体验完后提问）从鸡蛋到凤凰你要经过竞争，这里面有没有技巧？技巧很重要，为什么？在成功的路上，有什么心得体会？讲一讲你曾经挫折的体验？说一说你胜利的喜悦？（然后学生就会回答）遇到挫折，要用良好的心态去面对；结果很重要，过程更重要；积极主动往往机会更多，不是坐在那里等就行的……

"进化论"贴合着成长，后面就好开展了："成功不容易，我们要有核心的东西。核心的东西是什么？机器要有发动机，电脑有 CPU，人就要有积极心理品质，就是让我们亮堂堂地立于人世间的品质。"接着就可以从国家的核心价值观谈到地区的文化价值、家庭价值观，最后落到个人品质上，点到为止即可，不需要慢慢拉锯。要是觉得铺垫不够，就再强化一下，"你爸爸或妈妈身上有哪几个优秀的品质？"请几位同学说一下。时间优化下来了，就可以把主要精力放在演讲上了，一边演讲一边升华，让演讲这个环节细化。热烈的掌声过后，要加上简单点评："这位同学的演讲……表现出他……我相信……"导师就是要制造一种气氛，让学生觉得好玩、有刺激感。我们坚决不能让孩子们来配合咱们，他们其实是很配合的，但如果要求他们配合我们，我们的教育就只能在最近发展区的下面。所以我们就是要超过他原有的东西，让他们有新的体会。

说到这，我想插入谈谈"实现体验式课堂教育目标的4个阶段"：第一个阶段是老师在前面拉着拽着，学生被强行灌输了知识。第二个阶段是"不明觉厉"，（不明觉厉是个现代网络流行词，意思是"不明白怎么回事，但是觉得很厉害"。）通过体验活动，让学生觉着好奇、好玩、有意思，从而产生"我不是很清楚个中道理，但我很愿意去参与、去探索。第三个阶段是明觉精察，王阳明说："行之明觉精察处，即是知。"就是说学生经过体验，恍然大悟，取得真知。第四个阶段就是知行合一了，学生已经能够主动去行动，老师讲过的东西他会主动去找资料进行再提高。我们从事心理健康教育、德育教育，要追求的就是第四个阶段。

5. 动情，但不能煽情

心理课、体验课上，动情是我们追求的，但要在知识、活动、分享、领悟中使其自然而然流露，不能为了感性而感性，变成了煽情。

综上，如果将理论知识比喻为主料，将技术比喻为配料，我们未来谁都不缺主料，谁也都不缺配料，要比较的话，原料都没差别，但调料的配比、加工过程的用心与否，将会决定优劣。所以我们要告别"乱拳打死老师傅"的心态和模式，真真正正追求精细化。各位老师的水平参差不齐，该学理论打基础的就扎扎实实打基础，该学技术的就多吸收多思考，需要督导的就多实践多找机会接受同辈或者老师的督导，愿大家在心理学道路上越走越远、越走越稳！